ONE POINT

원 포인트

창 세 기
출애굽기

원 포인트

창세기 출애굽기

1판 1쇄 발행 2023년 3월 24일

저자 정남열

편집 문서아 **교정** 신선미 **마케팅·지원** 이진선

펴낸곳 (주)하움출판사 **펴낸이** 문현광

이메일 haum1000@naver.com **홈페이지** haum.kr
블로그 blog.naver.com/haum1000 **인스타그램** @haum1007

ISBN 979-11-6440-325-7 (03230)

좋은 책을 만들겠습니다.
하움출판사는 독자 여러분의 의견에 항상 귀 기울이고 있습니다.
파본은 구입처에서 교환해 드립니다.

매일 매일
하나님을 만나는 소중한 시간이 되길 바랍니다.

창 세 기

출애굽기

창 세 기

"태초에 하나님이 천지를 창조하시니라."

1. 답이 바로 여기에 있습니다!

이 땅에 태어난 모든 사람은 죽음을 향해 걸어갑니다.

하지만 대부분 사람들은 자신이 왜 태어났는지,

무엇을 위해 살아야 하는지를

알지 못한 채 방황하다가 죽음을 맞이합니다.

'나는 왜 태어났을까?'

'내가 죽으면 어디로 가는 걸까?'

우리는 자신에게 반복해서 이 질문을 합니다.

때론 평생 그 답을 찾기 위해 수많은 노력과 고행을 하기도 합니다.

사람들은 살아야 하는 이유를 모를 때는 무의미하게 살기도 합니다.

놀라운 사실은 성경책의 첫 구절에 그 답이 있다는 것입니다.

하나님께서 어떤 분이신지,

무엇을 하셨는지를 알게 된다면

그 답을 얻을 수 있습니다.

'태초에 하나님이 천지를 창조하셨다.'라는 사실은

피조물인 우리가 어디에서 왔는지,

그리고 어떤 삶을 살아야 하는지를 말해 줍니다.

이제 당신은 지혜롭게 성경 말씀을 통해

의미 있는 인생을 소중하게 생각하며 살아가길 바랍니다.

♡MEMO♡

_____

_____

"천지와 만물이 다 이루어지니라
하나님이 그가 하시던 일을 일곱째 날에 마치시니
그가 하시던 모든 일을 그치고 일곱째 날에 안식하시니라
하나님이 그 일곱째 날을 복되게 하사 거룩하게 하셨으니
이는 하나님이 그 창조하시며 만드시던 모든 일을 마치시고
그 날에 안식하셨음이니라"

I ♥ Jesus...

2. 나는 주일을 얼마나 소중하게 생각하고 있을까요?

당신은

일주일 중에 6일이 더 소중하다고 생각하십니까?

주일 하루가 더 소중하다고 생각하십니까?

시간으로 계산해 보면 1일은 24시간이지만, 6일은 144시간입니다.

분으로 계산해 보면 하루는 1,440분이지만, 6일은 8,640분입니다.

이처럼 6일은 주일 하루보다 비교할 수 없이 많은 시간입니다.

그러나 말씀을 통해 가치와 의미를 부여한다면

안식일 하루는 단순히 7일 중의 하루가 아닙니다.

하나님께서는 6일 동안 하시던 일을 마치고

일곱째 날에 안식하셨습니다.

그리고 일곱째 날을 복되게 하시고 거룩한 날이 되게 하셨습니다.

현재 우리가 지키고 있는 주일은

우리의 주인이신 창조주 하나님을 찬양하며 예배하는 거룩한 날입니다.

또한 죄로 인하여 망가진 하나님과의 관계와 형상을 회복하며,

우리가 이 땅에 태어난 목적을 이루는

가치 있고 의미 있는 소중한 날이기도 합니다.

때론 예수님을 믿지 않는 세상 사람들처럼

거룩한 주일을 6일 중의 하루로 생각하며,

취미 활동이나 문화 활동 등으로 무의미하게 보내고 있지는 않은지

겸손한 마음으로 나의 믿음을 돌아보아야 합니다.

하나님의 자녀인 나에게 주일 하루는

어떤 의미가 있는지 생각해 보는 시간이 되었으면 좋겠습니다.

♡MEMO♡

_____

_____

"그런데 뱀은 여호와 하나님이 지으신 들짐승 중에 가장 간교하니라

뱀이 여자에게 물어 이르되 하나님이 참으로 너희에게

동산 모든 나무의 열매를 먹지 말라 하시더냐

여자가 뱀에게 말하되 동산 나무의 열매를 우리가 먹을 수 있으나

동산 중앙에 있는 나무의 열매는 하나님의 말씀에

너희는 먹지도 말고 만지지도 말라

너희가 죽을까 하노라 하셨느니라

뱀이 여자에게 이르되 너희가 결코 죽지 아니하리라"

3. 죄의 근원

아담과 하와가 하나님의 말씀을 어기고 불순종한 모습에서
인간의 죄가 어디에서 시작되었는지 알 수 있습니다.
그리고 하나님처럼 되길 원하는 인간의 교만한 마음을 보게 됩니다.
인간의 죄는
불평과 분노를 일으켜 괴로운 인생이 되게 하며,
슬픔과 우울한 삶을 살게 합니다.
소중한 자신과 사람들을 미워하게 하며, 원망하게 합니다.
지금도 인간의 죄는 하나님의 형상으로 창조된 우리가
가장 악한 모습으로 변하여 우리를 힘들게 하며
고통스러운 삶을 살게 합니다.
간교한 마귀는 오늘도 우리에게 찾아와
하나님과의 온전한 관계를 방해하려고 합니다.
그렇기 때문에 우리는 죄의 문제를 꼭 해결해야 합니다.
죄의 문제는 어떻게 해결할 수 있을까요?
오직 예수 그리스도의 보혈로만 해결할 수 있습니다.
우리는 예수 그리스도께서
더러운 나의 죄를 깨끗하게 씻어 주기 위해
나를 대신하여 십자가에서 죽으셨다는 사실을 믿고 깨달아야 합니다.
죄인을 품어 주신 하나님의 사랑과 은혜가 없었다면
우리는 여전히 멸망의 길에 있었을 것입니다.
인간의 연약함을 다 아시고 용서와 자비를 베풀어 주신
하나님을 찬양합니다.

♡MEMO♡

"아담이 그의 아내 하와와 동침하매
하와가 임신하여 가인을 낳고 이르되
내가 여호와로 말미암아 득남하였다 하니라
그가 또 가인의 아우 아벨을 낳았는데 아벨은 양 치는 자였고
가인은 농사하는 자였더라
세월이 지난 후에 가인은
땅의 소산으로 제물을 삼아 여호와께 드렸고
아벨은 자기도 양의 첫 새끼와 그 기름으로 드렸더니
여호와께서 아벨과 그의 제물은 받으셨으나
가인과 그의 제물은 받지 아니하신지라
가인이 몹시 분하여 안색이 변하니"

4. 참된 예배자

하나님을 섬기는 두 명의 예배자가 있었습니다.

한 명의 예배자는 농사를 짓는 농부 가인이었고,

다른 한 사람은 양을 치는 목자 아벨이었습니다.

둘 다 하나님을 믿고 예배를 드리기 때문에

겉으로 보기에는 두 사람 모두 참된 예배자처럼 보였습니다.

세월이 지난 후 두 예배자의 정체를 알 수 있는

사건이 하나 발생했습니다.

두 사람은 각자 자신의 위치에서 하나님께 예배를 드렸습니다.

형 가인은 땅에서 거둔 곡식을 하나님께 제물로 바쳤고,

동생 아벨은 양의 첫 새끼를 잡아 하나님께 드렸습니다.

그런데 하나님께서는 동생 아벨의 제물은 기쁘게 받으셨지만

형 가인의 제물은 받지 않으셨습니다.

가인은 자기 마음과는 다르게 하나님께서 자신의 예배를 받지 않자

몹시 화가 나서 얼굴빛이 변하였습니다.

그리고 동생 아벨을 꾀어 들로 데리고 나갔습니다.

가인은 동생과 함께 들에 있을 때 동생 아벨을 쳐 죽였습니다.

이 사건을 통해 가인은 하나님께 벌을 받게 되었고

가인이 참된 예배자가 아니라는 사실이 드러나게 됩니다.

이 이야기는 제물의 중요성을 강조하는 것이 아니라

예배자의 마음이 얼마나 중요한지를 말해 줍니다.

하나님께서는 예배자를 통해 참된 믿음을 받으십니다.

"우리는 참된 예배자라고 말할 수 있을까요?"

이 질문을 통해 하나님 앞에서 예배드리는 나의 마음을

살펴보는 시간이 되었으면 좋겠습니다.

♡MEMO♡

"이것은 아담의 계보를 적은 책이니라
하나님이 사람을 창조하실 때에
하나님의 모양대로 지으시되
남자와 여자를 창조하셨고 그들이 창조되던 날에
하나님이 그들에게 복을 주시고
그들의 이름을 사람이라 일컬으셨더라"

5. 당신은 소중한 사람입니다

하나님께서 사람을 창조하실 때
하나님의 모양대로 남자와 여자를 지으셨습니다.
그리고 그들에게 복을 주셨습니다.
그렇기 때문에 하나님의 형상대로 지음을 받고,
복을 받은 모든 사람은 세상에서 가장 소중한 존재입니다.
세상의 가치관은
사람의 가치를 판단할 때
남들보다 능력이 많은지 적은지, 남들보다 가진 것이 많은지 적은지
남들보다 많이 배웠는지 적게 배웠는지에 따라서
사람의 가치를 정하게 됩니다.
그러나 성경적 가치관은
사람의 가치를 눈앞에 보이는 소유의 차이가 아니라,
창조주 하나님의 말씀이 절대적인 기준이 되어야 합니다.
하나님의 말씀대로 하나님의 사랑을 받은 모든 인간은
세상 무엇보다 소중하며 존중받아야 할 존재입니다.
다른 사람들과 자신을 비교하면서
소중한 자신의 가치를 비하하면 안 됩니다.
우리는 하나님께서 나의 생명을 구원하기 위해
독생자 예수 그리스도를
십자가에서 대신 죽게 하셨다는 사실을 반드시 기억해야 합니다.
하나님께서 우리를 소중하게 생각하시는 것처럼
자신을 더욱 소중하게 아끼고
사랑하는 삶이 되길 바랍니다.

♡MEMO♡

_____

_____

"여호와께서 사람의 죄악이 세상에 가득함과
그의 마음으로 생각하는
모든 계획이 항상 악할 뿐임을 보시고
땅 위에 사람 지으셨음을 한탄하사 마음에 근심하시고
이르시되 내가 창조한 사람을 내가 지면에서 쓸어버리되
사람으로부터 가축과 기는 것과 공중의 새까지 그리하리니
이는 내가 그것들을 지었음을 한탄함이니라 하시니라"

6. 요즘 핫한 소식은?

여러분에게 가장 핫한 소식은 무엇인가요?

경제적 관심, 사회적 관심, 문화, 진로 등등

사람들은 자신이 좋아하는 분야와

관심 있는 분야의 소식을 궁금해합니다.

그렇기 때문에 관심 있는 소식에는 민감하게 반응합니다.

노아 시대 사람들의 관심은 어디에 있었을까요?

그들은 하나님의 일보다는 세상적인 일에 집중하며 살았습니다.

현실에 집중하다 보니 하나님에 대한 관심이

점점 사라지게 되었습니다.

하지만 노아는 하나님의 마음과 계획에 관심이 많았습니다.

노아에게 가장 핫한 소식은 하나님의 심판이었습니다.

하나님의 마음과 계획을 알게 된 노아는

심판을 피하기 위해 믿음으로 순종하며 방주를 만들게 됩니다.

그러나 세상 사람들은 하나님의 심판에 관심이 없었습니다.

노아가 하나님의 심판을 피할 수 있는 길을 말해 줘도

사람들은 듣지 않았습니다.

결국 사람들은 하나님께 물로 심판을 받게 됩니다.

오늘 나는 어디에 마음을 두고 살아가는지 생각해 보아야 합니다.

우리가 하나님의 자녀라면

하나님 아버지의 마음과 계획에 관심을 갖고

그 뜻을 이루기 위해 살아야 합니다.

이 땅에서 하늘의 뜻을 이루며 살게 된다면

가장 복된 인생이 될 것입니다.

♡MEMO♡

_____

_____

"여호와께서 노아에게 이르시되 너와 네 온 집은 방주로 들어가라
이 세대에서 네가 내 앞에 의로움을 내가 보았음이니라
너는 모든 정결한 짐승은 암수 일곱씩, 부정한 것은 암수 둘씩을
네게로 데려오며
공중의 새도 암수 일곱씩을 데려와
그 씨를 온 지면에 유전하게 하라
지금부터 칠 일이면 내가 사십 주야를 땅에 비를 내려
내가 지은 모든 생물을 지면에서 쓸어버리리라
노아가 여호와께서 자기에게 명하신 대로 다 준행하였더라
홍수가 땅에 있을 때에 노아가 육백 세라
노아는 아들들과 아내와 며느리들과 함께
홍수를 피하여 방주에 들어갔고
정결한 짐승과 부정한 짐승과 새와 땅에 기는 모든 것은
하나님이 노아에게 명하신 대로
암수 둘씩 노아에게 나아와 방주로 들어갔으며
칠 일 후에 홍수가 땅에 덮이니"

7. 기다림의 시간

모든 일에는 기다림의 시간이 필요합니다.
노아는 하나님께서 명령하신 모든 일을 마무리하고
그의 가족들과 함께 방주에 들어갔습니다.
그러나 방주에 들어가고
비가 바로 내린 것은 아닙니다.
비는 노아와 그의 가족들이 방주에 들어가고
7일이 지나서야 내리기 시작했습니다.
그들에게는 7일이라는 기다림의 시간이 있었습니다.
노아와 가족들은 방주 안에서 7일 동안 무슨 생각을 했을까요?
'비가 올까? 안 올까?'(걱정)
'밖으로 다시 나가야 하나?'(갈등)
'내가 하나님의 음성을 잘못 들었으면 어쩌지?'(불안)
'하나님께서는 절대로 틀리지 않아!'(확신)
이 시간은 노아에게 여러 가지 의미 있는
기다림의 시간이었을 것입니다.
비는 하나님의 말씀대로 어김없이
7일이 지나고 40주야 땅에 쏟아졌습니다.
지금 당신이 기다림의 시간 속에 있다면
나에게 그 시간은 어떤 의미가 있는지 생각해 보아야 합니다.
기다림의 시간을 허락하신 분이 하나님이라는 사실을 신뢰하며
흔들리지 않는 믿음과 확신으로 그 시간을 이겨낸다면
우리는 하나님께서 행하시는 놀라운 역사를 보게 될 것입니다.

♡MEMO♡

"노아가 여호와께 제단을 쌓고
모든 정결한 짐승과 모든 정결한 새 중에서
제물을 취하여 번제로 제단에 드렸더니
여호와께서 그 향기를 받으시고 그 중심에 이르시되
내가 다시는 사람으로 말미암아 땅을 저주하지 아니하리니
이는 사람의 마음이 계획하는 바가 어려서부터 악함이라
내가 전에 행한 것 같이 모든 생물을 다시 멸하지 아니하리니
땅이 있을 동안에는
심음과 거둠과 추위와 더위와 여름과 겨울과
낮과 밤이 쉬지 아니하리라"

8. 바람 기억

노아가 방주에서 나와 제일 먼저 한 일은
하나님께 제단을 쌓고 번제를 드린 일입니다.
하나님께서는 그 향기를 기뻐 받으시고
마음속으로 다짐하셨습니다.
'비록 사람의 생각이
어릴 때부터 악하긴 하지만
내가 다시는 사람 때문에 땅을 저주하거나
이번처럼 생물을 전멸시키지는 않을 것이다.
그리고 땅이 있을 동안에는
심음과 거둠과 추위와 더위와
여름과 겨울과 낮과 밤이 쉬지 아니하리라.'
우리는 봄 여름 가을 겨울 불어오는 바람을 통해 들려오는
인간을 향한 하나님의 배려와 사랑을 들을 수 있습니다.
향긋한 봄바람이 불 때,
더운 여름바람이 불 때,
선선한 가을바람이 불 때,
차가운 겨울바람이 불 때도,
하나님의 마음을 기억해야 합니다.

♡MEMO♡

_____

_____

"하나님이 이르시되
내가 나와 너희와 및 너희와 함께하는 모든 생물 사이에
대대로 영원히 세우는 언약의 증거는 이것이니라
내가 내 무지개를 구름 속에 두었나니
이것이 나와 세상 사이의 언약의 증거니라
내가 구름으로 땅을 덮을 때에 무지개가 구름 속에 나타나면
내가 나와 너희와 및 육체를 가진 모든 생물 사이의
내 언약을 기억하리니
다시는 물이 모든 육체를 멸하는 홍수가 되지 아니할지라
무지개가 구름 사이에 있으리니 내가 보고
나 하나님과 모든 육체를 가진 땅의 모든 생물 사이의
영원한 언약을 기억하리라
하나님이 노아에게 또 이르시되
내가 나와 땅에 있는 모든 생물 사이에 세운
언약의 증거가 이것이라 하셨더라"

9. 무지개 언약

하나님께서는 사람과 모든 생물과

땅의 모든 짐승에게

다시는 홍수로 멸하지 않겠다고

언약을 세우셨습니다.

그 언약을 잊지 않기 위해서

무지개를 언약의 증거로 만드셨습니다.

"내가 내 무지개를 구름 속에 두었나니…

무지개가 구름 속에 나타나면…

내가… 내 언약을 기억하리니…

내가 보고… 언약을 기억하리라."

이처럼 무지개를 사용하신 것은

하나님께서 우리와 맺은 언약을

기억하기 위한 배려입니다.

이 사건을 통해 우리는

하나님의 변함없는 사랑과 인간과 맺은 언약을

기억하기 위한 하나님의 마음을 느낄 수 있습니다.

그렇다면 하나님의 자녀인 우리도

삶 속에서 하나님을 늘 기억하기 위해 노력해야 합니다.

♡MEMO♡

_____

_____

"노아의 아들 셈과 함과 야벳의 족보는 이러하니라
홍수 후에 그들이 아들들을 낳았으니"

10. 뿌리를 찾아서

홍수 이후 새로운 세상이 시작되었습니다.

하나님께서는 노아의 아들들을 통해서

온 땅을 채우시고

사람들이 하나님의 축복 안에서 살아가길 원하셨습니다.

노아의 자손들은 점점 번성하여

넓은 땅으로 뻗어 나갔습니다.

그런데 과연 이 사람들은

아담과 하와처럼 불순종하지 않고

하나님께서 주신 축복을 누리며 살 수 있을까요?

우리는 족보 이야기를 통해서

나의 정체성과 믿음의 뿌리를 찾아야 합니다.

그래야 반복된 실수를 하지 않고

하나님의 축복 안에 영원히 거할 수 있을 것입니다.

♡MEMO♡

_____

_____

"서로 말하되 자, 벽돌을 만들어 견고히 굽자 하고
이에 벽돌로 돌을 대신하며 역청으로 진흙을 대신하고
또 말하되 자, 성읍과 탑을 건설하여
그 탑 꼭대기를 하늘에 닿게 하여
우리 이름을 내고 온 지면에 흩어짐을 면하자 하였더니"

30

11. 정주행

하나님께서는 사람에게 축복하시고

있는 그대로를 사랑하시고

연약한 우리의 죄와 허물을 용서하시며

끝까지 은혜를 베풀어 주셨습니다.

그러나 인간은 교만하여 하나님께 받은 은혜에

감사하지 못하고 하나님처럼 되길 원했습니다.

아담과 하와도 교만한 마음이 생겼을 때,

하나님처럼 되길 원하여

하나님의 말씀을 거역하며 죄를 지었습니다.

이번에도 사람들은

또다시 하나님께 도전을 합니다.

하나님처럼 되고 싶은 욕심에

성읍과 탑을 건설하여

탑 꼭대기를

하늘에 닿게 하고(하나님께 도전)

자신들의 이름을 내고(교만)

온 지면에 흩어짐을 면하기 위해 죄를 짓습니다(불순종).

교만한 사람들은 하나님의 말씀에 반대로 행동하며 역주행합니다.

그러나 우리는 하나님의 마음을 알고

하나님의 뜻을 깨달아 옳은 길로 정주행해야 합니다.

♡MEMO♡

"여호와께서 아브람에게 이르시되
너는 너의 고향과 친척과 아버지의 집을 떠나
내가 네게 보여 줄 땅으로 가라
내가 너로 큰 민족을 이루고 네게 복을 주어
네 이름을 창대하게 하리니
너는 복이 될지라
너를 축복하는 자에게는 내가 복을 내리고
너를 저주하는 자에게는 내가 저주하리니
땅의 모든 족속이 너로 말미암아 복을 얻을 것이라 하신지라
이에 아브람이 여호와의 말씀을 따라갔고 롯도 그와 함께 갔으며
아브람이 하란을 떠날 때에 칠십오 세였더라"

12. 복 많이 받으세요!

OOO에 자신의 이름을 넣어 읽어 보세요!

"여호와께서 OOO에게 이르시되

OOO은 너의 고향과 친척과

아버지의 집을 떠나

내가 네게 보여 줄 땅으로 가라

내가 너로 큰 민족을 이루고

OOO에게 복을 주어 OOO 이름을 창대하게 하리니

너는 복이 될지라

OOO을 축복하는 자에게는 내가 복을 내리고

OOO을 저주하는 자에게는 내가 저주하리니

땅의 모든 족속이 OOO으로 말미암아 복을 얻을 것이라 하신지라."

기분 좋은 말이지만 우리는 여기서 끝나면 안 됩니다.

이 복을 받기 위해서는 다음 문장을 완성해야 합니다!

"그래서 OOO은 하나님께서 말씀하신 대로 길을 떠났습니다."

♡MEMO♡

_____

_____

"아브람의 일행 롯도 양과 소와 장막이 있으므로

그 땅이 그들이 동거하기에 넉넉하지 못하였으니

이는 그들의 소유가 많아서 동거할 수 없었음이니라

그러므로 아브람의 가축의 목자와

롯의 가축의 목자가 서로 다투고

또 가나안 사람과 브리스 사람도 그 땅에 거주하였는지라

아브람이 롯에게 이르되

우리는 한 친족이라 나나 너나 내 목자나 네 목자나

서로 다투게 하지 말자"

13. 다툼을 피하는 방법

아브람에게는 가축과 은과 금이 풍성했습니다.

또한 조카 롯도 소유가 많아

둘이 함께 머물기에는 땅이 좁았습니다.

그런 이유로 아브람의 짐승을 치는 목자들과

롯의 짐승을 치는 목자들 사이에

다툼이 일어나곤 했습니다.

아브람은 다툼을 피하기 위해

큰 결단을 합니다.

그것은 바로 롯과 떨어져서

따로 사는 것이었습니다.

아브람은 관계가 더 나빠지기 전에 헤어지는 것이

서로에게 더욱 유익하다고 생각했습니다.

혹시 내 삶에 다툼이 일어나고 있다면

서로를 위해 환경을 바꿔보는 것도 좋은 방법이라고 생각합니다.

♡MEMO♡

_____

_____

"아브람이 그돌라오멜과 그와 함께 한 왕들을 쳐부수고 돌아올 때에
소돔 왕이 사웨 골짜기 곧 왕의 골짜기로 나와 그를 영접하였고
살렘 왕 멜기세덱이 떡과 포도주를 가지고 나왔으니
그는 지극히 높으신 하나님의 제사장이었더라
그가 아브람에게 축복하여 이르되
천지의 주재이시요 지극히 높으신 하나님이여
아브람에게 복을 주옵소서
너희 대적을 네 손에 붙이신
지극히 높으신 하나님을 찬송할지로다 하매
아브람이 그 얻은 것에서 십분의 일을 멜기세덱에게 주었더라"

14. 지극히 높으신 하나님을 찬양합시다!

동쪽 나라 왕들과 서쪽 나라 왕들이 전쟁을 했습니다.

이 전쟁에서 동쪽 나라 왕들이 승리를 했습니다.

승리한 동쪽 나라 왕들은

소돔과 고모라의 모든 재물과 양식을 빼앗아 갔습니다.

소돔 땅에 살고 있었던 아브람의 조카 롯도 붙잡혔고,

그의 모든 재산도 빼앗겼습니다.

이 소식을 들은 아브람은 동맹을 맺은 3명의 형제와

훈련된 종 318명을 거느리고

그들을 쫓아갑니다.

그리고 조카 롯을 포함하여 붙잡혀 간 모든 사람과

빼앗겼던 모든 재물을 되찾아 옵니다.

이 전쟁의 승리는 누가 주신 것일까요?

멜기세덱은 아브람에게 이렇게 선포합니다.

"너희 대적을 네 손에 붙이신

지극히 높으신 하나님을 찬송할지로다."

아브람은 이 말을 듣고 승리를 주신 하나님을 찬양합니다.

우리 인생에 승리의 기쁨을 주실

지극히 높으신 하나님을 찬양합시다.

♡MEMO♡

_____

_____

"이후에 여호와의 말씀이 환상 중에
아브람에게 임하여 이르시되
아브람아 두려워하지 말라 나는 네 방패요
너의 지극히 큰 상급이니라"

15. 두려워하지 말라!

하나님께서는 전쟁이 일어난 뒤에

아브람에게 환상 가운데 말씀하셨습니다.

"아브람아, 두려워하지 말아라. 내가 너를 지키고

너에게 큰 상을 주겠다."

아브람은 전쟁에서(14장) 승리했지만

또 다른 전쟁이 일어날지 모르는 상황에서

두려운 마음이 들었습니다.

하나님께서 그 마음을 아시고 아브람에게 찾아오셨습니다.

이제 아브람은 전혀 두려워할 이유가 없었습니다.

전능하신 하나님께서 적들의 공격을 막아 주시는

방패가 되어 주시기 때문입니다.

더불어 지극히 큰 상급도 약속하셨습니다.

우리가 하나님 편에 있다면 그 누구든 두려워할 이유가 없습니다.

하나님께서 행하실 일들을 믿음으로 기대하시기 바랍니다.

♡MEMO♡

_____

_____

.

"아브람의 아내 사래는 출산하지 못하였고
그에게 한 여종이 있으니 애굽 사람이요 이름은 하갈이라
사래가 아브람에게 이르되
여호와께서 내 출산을 허락하지 아니하셨으니 원하건대
내 여종에게 들어가라
내가 혹 그로 말미암아 자녀를 얻을까 하노라 하매
아브람이 사래의 말을 들으니라
아브람의 아내 사래가 그 여종 애굽 사람 하갈을 데려다가
그 남편 아브람에게 첩으로 준 때는
아브람이 가나안 땅에 거주한 지 십 년 후였더라
아브람이 하갈과 동침하였더니 하갈이 임신하매
그가 자기의 임신함을 알고 그의 여주인을 멸시한지라"

16. 하나님보다 앞서 나간 사래

아브람의 아내 사래는 자식을 낳지 못했습니다.

그런데 그녀에게는 하갈이라는 이집트인 여종이 있었습니다.

어느 날 사래가 아브람에게 말했습니다.

"여호와께서 나에게 자식을 주지 않으시니

당신은 내 여종과 함께 잠자리에 드세요.

아마 내가 그녀를 통해서 자식을 얻을 수 있을 것입니다."

아브람은 사래의 말을 듣고

여종 하갈을 통해 이스마엘을 얻게 됩니다.

하지만 이런 사래의 행동은

하나님께서 계획하신 일이 아니었습니다.

이스마엘 자손들은 이스라엘 자손들을

가장 괴롭히는 적들이 되었습니다.

하나님보다 앞서 나간 사래의 행동은

이처럼 불행한 결과를 낳게 됩니다.

우리 모두 하나님의 때를

기다릴 수 있는 믿음과 인내를 위해

기도하는 시간이 되길 소망합니다.

♡MEMO♡

_____

_____

"아브람이 구십구 세 때에
여호와께서 아브람에게 나타나서 그에게 이르시되
나는 전능한 하나님이라 너는 내 앞에서 행하여 완전하라"

17. 엘 샤다이: 전능하신 하나님

여러분은 전능하신 하나님을 믿고 계시나요?

이스마엘이 태어나고 13년이 흘렀습니다.

그리고 이제 하나님의 때가 되었습니다.

하나님께서는 아브람에게 나타나셔서

이렇게 말씀하십니다.

"나는 전능한 하나님이다."

앞으로 아브람은

지금까지 그 누구도 행하지 못했고

어디서도 본 적 없는

무한하신 하나님의 능력을 보게 될 것입니다.

우리가 믿음으로

하나님의 때를 기다린다면 전능하신 하나님께서

행하실 놀라운 일들을 보게 될 것입니다.

♡MEMO♡

"그가 이르시되 내년 이맘때 내가 반드시 네게로 돌아오리니
네 아내 사라에게 아들이 있으리라 하시니
사라가 그 뒤 장막 문에서 들었더라
아브라함과 사라는 나이가 많아 늙었고
사라에게는 여성의 생리가 끊어졌는지라
사라가 속으로 웃고 이르되 내가 노쇠하였고 내 주인도 늙었으니
내게 무슨 즐거움이 있으리요
여호와께서 아브라함에게 이르시되 사라가 왜 웃으며 이르기를
내가 늙었거늘 어떻게 아들을 낳으리요 하느냐
여호와께 능하지 못한 일이 있겠느냐 기한이 이를 때에
내가 네게로 돌아오리니 사라에게 아들이 있으리라"

18. 여호와께 능하지 못한 일이 있겠느냐?

여호와께서 아브라함에게 찾아오셨습니다.

그리고 1년 후에 사라에게 아들이 있을 것이라고 말씀하셨습니다.

그러나 현실은 아브라함과 사라는 나이가 많아 늙었고,

사라는 여성의 생리가 끊겨졌습니다.

그래서 사라는 속으로 웃으며

'내가 노쇠하였고 내 주인도 늙었으니

내게 무슨 즐거움이 있으리오.'라고 생각했습니다.

사라는 현실을 보고

여호와의 말씀을 온전히 믿지 못했습니다.

하지만 여호와께서는 단호하게 말씀하셨습니다.

"나 여호와에게 불가능한 일이 있겠느냐?"

놀랍게도 하나님께서 말씀하신 대로

불가능한 일이 실제로 일어났습니다.

오늘도 하나님의 말씀을 묵상하며

겸손한 마음으로 말씀 앞에 서 있는 우리에게

이렇게 말씀하십니다.

"나 여호와에게 불가능한 일이 있겠느냐?"

♡MEMO♡

_____

_____

"롯이 나가서 그 딸들과 결혼할 사위들에게 말하여 이르기를
여호와께서 이 성을 멸하실 터이니
너희는 일어나 이곳에서 떠나라 하되
그의 사위들은 농담으로 여겼더라"

19. 신뢰감을 주는 사람

하나님께서 타락한 도시를 멸하시려고

천사들을 소돔에 보냈습니다.

그곳에는 아브람의 조카 롯이 살고 있었습니다.

천사들은 그곳에 살고 있던 롯에게

하나님의 뜻을 전했습니다.

롯은 천사들에게 하나님의 심판 소식을 듣고

자기 딸들과 결혼할 사위들에게

이렇게 말했습니다.

"여호와께서 이 성을 멸하실 것이니

이곳을 빨리 떠나라."

그러나 사위들은

롯의 말을 농담으로 들었습니다.

그 결과 사위들은 하나님의 심판을 피하지 못하고 죽게 됩니다.

만약 내가 롯과 같은 상황이었다면

내가 전하는 말을 사람들은 진지하게 들었을까요?

나는 주변 사람들에게 신뢰감을 주는 사람인지

나의 삶을 돌아보는 시간이 되었으면 좋겠습니다.

♡MEMO♡

_____

_____

"아브라함이 거기서 네게브 땅으로 옮겨가
가데스와 술 사이 그랄에 거류하며
그의 아내 사라를 자기 누이라 하였으므로
그랄 왕 아비멜렉이 사람을 보내어 사라를 데려갔더니
그 밤에 하나님이 아비멜렉에게 현몽하시고 그에게 이르시되
네가 데려간 이 여인으로 말미암아 네가 죽으리니
그는 남편이 있는 여자임이라
아비멜렉이 그 여인을 가까이하지 아니하였으므로
그가 대답하되 주여 주께서 의로운 백성도 멸하시나이까
그가 나에게 이는 내 누이라고 하지 아니하였나이까
그 여인도 그는 내 오라비라 하였사오니
나는 온전한 마음과 깨끗한 손으로 이렇게 하였나이다
하나님이 꿈에 또 그에게 이르시되
네가 온전한 마음으로 이렇게 한 줄을 나도 알았으므로
너를 막아 내게 범죄하지 아니하게 하였나니
여인에게 가까이하지 못하게 함이 이 때문이니라
이제 그 사람의 아내를 돌려보내라
그는 선지자라 그가 너를 위하여 기도하리니 네가 살려니와
네가 돌려보내지 아니하면 너와 네게 속한 자가
다 반드시 죽을 줄 알지니라"

20. 나의 실패를 회복시켜 주실 분

아브라함은 25년 전 애굽에서

아내 사라를 누이라고 속였던 일이 있었습니다.

그때 사라 나이가 65세였습니다.

25년이 지난 지금 아브라함은

그랄 왕 아비멜렉에게 또다시 아내 사라를 누이라고 속입니다.

이 말을 들은 그랄 왕 아비멜렉은

사람을 보내어 사라를 데려왔습니다.

연약한 인간이었던 아브라함은 동일한 실패를 반복했습니다.

이런 인간의 연약함을 누가 회복시켜 주셨을까요?

바로 회복자이신 하나님이십니다.

하나님께서는

아비멜렉의 꿈속에 찾아오셔서

실패한 아브라함의 일을

다시 회복시켜 주셨습니다.

우리의 삶은 실패의 연속입니다.

그러나 하나님만을 의지한다면

우리의 실패를 통해 놀라운 하나님의 회복을 경험할 것입니다.

♡MEMO♡

_____

_____

"여호와께서 말씀하신 대로 사라를 돌보셨고
여호와께서 말씀하신 대로 사라에게 행하셨으므로
사라가 임신하고 하나님이 말씀하신 시기가 되어
노년의 아브라함에게 아들을 낳으니
아브라함이 그에게 태어난 아들
곧 사라가 자기에게 낳은 아들을 이름하여 이삭이라 하였고
그 아들 이삭이 난 지 팔 일 만에
그가 하나님이 명령하신 대로 할례를 행하였더라
아브라함이 그의 아들 이삭이 그에게 태어날 때에 백 세라"

21. 신실하신 하나님

하나님께서는 이삭이 태어날 것을

아브라함에게 두 번이나 미리 예언해 주셨습니다.

하나님께서 말씀하신 대로,

하나님께서 약속하신 때에,

이삭이 태어났습니다.

하나님께서는 우리에게 말씀하시고,

약속하신 것을 미루거나 번복하지 않으시고,

반드시 지키시는 분입니다.

진리이신 하나님의 말씀을 붙잡고

신실하신 하나님을 의지하는

삶이 되길 소망합니다.

♡MEMO♡

_____

_____

"그 일 후에 하나님이 아브라함을 시험하시려고 그를 부르시되
아브라함아 하시니 그가 이르되 내가 여기 있나이다
여호와께서 이르시되 네 아들 네 사랑하는 독자 이삭을 데리고
모리아 땅으로 가서 내가 네게 일러 준 한 산 거기서
그를 번제로 드리라
아브라함이 아침에 일찍이 일어나 나귀에 안장을 지우고
두 종과 그의 아들 이삭을 데리고
번제에 쓸 나무를 쪼개어 가지고 떠나
하나님이 자기에게 일러 주신 곳으로 가더니
제 삼일에 아브라함이 눈을 들어 그곳을 멀리 바라본지라"

22. 3일

아브라함은 사랑하는 아들 이삭을

번제로 드리라는 하나님 말씀에

바로 순종했습니다.

아브라함은 3일 동안 걸어서 하나님께서 일러 주신

번제 드릴 장소에 도착합니다.

아브라함에게 3일은 의미 있는 시간이었습니다.

3일 동안 아브라함은 마음으로

이삭을 수도 없이 번제로 드렸을 것입니다.

사랑하는 아들 이삭을 번제로 드려야 하는 상황에서

아브라함은 많은 생각과 복잡한 감정을 느꼈을 것입니다.

그는 3일 동안 도망가지 않고

말씀에 순종하며 길을 떠났습니다.

하나님께서는 아브라함의 순종을 통해

이미 그의 믿음과 마음을 받으셨습니다.

3일이라는 시간은 아브라함의 마음이

진실이라는 것을 증명하기에 충분한 시간이었습니다.

때론 하나님께서는 결과보다

순종하기 위해 준비하는 우리의 마음을 보십니다.

말씀에 순종하기로 결단한 우리의 고백이

3일이 지나도 변하지 않는 진실된 고백이 되길 기도합시다.

♡MEMO♡

"사라가 백이십칠 세를 살았으니
이것이 곧 사라가 누린 햇수라
사라가 가나안 땅 헤브론 곧 기럇아르바에서 죽으매
아브라함이 들어가서 사라를 위하여 슬퍼하며 애통하다가"

23. 사라의 죽음

사라는 아브라함과 결혼을 했고

함께 고향을 떠나 먼 곳에서 이민 생활을 했습니다.

그 생활은 결코 쉬운 삶이 아니었습니다.

때론 먹을 음식이 없어서 힘들고,

미모 때문에, 자녀 때문에,

돈 때문에, 가족 때문에

많은 어려움을 겪었습니다.

아들 이삭이 37세가 되었을 때

사라는 127세의 나이로

하나님이 계신 하늘나라로 가게 됩니다.

인간적인 마음으로는

이 세상을 떠나는 순간까지

사라의 마음은 편하지 않았을 것 같습니다.

이런 사라의 인생에서 하나님의 도우심과 위로가 없었다면

그녀는 웃을 일이 없었을 것입니다.

하나님께서 나와 함께 한다는 것 자체가

복이라는 사실을 깨닫는 시간이 되었으면 좋겠습니다.

♡MEMO♡

_____

_____

"그가 이르되 우리 주인 아브라함의 하나님 여호와여 원하건대
오늘 나에게 순조롭게 만나게 하사
내 주인 아브라함에게 은혜를 베푸시옵소서
성 중 사람의 딸들이 물 길으러 나오겠사오니
내가 우물곁에 서 있다가 한 소녀에게 이르기를 청하건대
너는 물동이를 기울여 나로 마시게 하라 하리니
그의 대답이 마시라 내가 당신의 낙타에게도 마시게 하리라 하면
그는 주께서 주의 종 이삭을 위하여 정하신 자라
이로 말미암아 주께서 내 주인에게 은혜 베푸심을 내가 알겠나이다
말을 마치기도 전에 리브가가 물동이를 어깨에 메고 나오니
그는 아브라함의 동생 나홀의 아내 밀가의 아들 브두엘의 소생이라"

56

24. 구체적으로 기도하세요!

아브라함은 늙은 종에게

"내 고향 내 족속에게로 가서

내 아들 이삭을 위하여 아내를 택하라."라며 미션을 주었습니다.

늙은 종은 미션을 받고

아브라함의 고향으로 떠났습니다.

늙은 종은 어떻게 이 미션을 성공할 수 있을까요?

늙은 종은 자신의 한계를 깨닫고

세상의 모든 일이 하나님 손에 있다는 것을 믿고 기도했습니다.

"우리 주인 아브라함의 하나님 여호와여

원하건대 오늘 나에게

순조롭게 만나게 하사

내 주인 아브라함에게 은혜를 베푸시옵소서."

늙은 종은 구체적으로 기도했습니다.

그런데 놀랍게도 구체적으로 기도한 내용

모두 응답이 되었습니다.

우리도 하나님께서 이 세상을 주관하심을 믿으며

나의 한계를 인정하고 겸손한 마음으로 기도한다면

막막하다고 생각했던 일들이

순조롭게 진행되는 것을 경험할 수 있을 것입니다.

♡MEMO♡

"아브라함의 향년이 백칠십오 세라
그의 나이가 높고 늙어서 기운이 다하여
죽어 자기 열조에게로 돌아가매"

25. 아브라함의 죽음

아브라함은 하나님의 부르심을 받고

고향을 떠나 가나안 땅에서

100년을 살았습니다.

아브라함은 늙어서

기운이 다하도록 장수하며

하나님의 축복을 누리며 살았습니다.

또다시 하나님의 부르심에 따라

영원히 살게 될 천국으로 갔습니다.

이 땅에서 영원히 사는 사람은 없습니다.

생과 사가 있는 우리의 인생에

무엇을 준비하며 살아야

지혜로운 사람일까요?

♡MEMO♡

_____

_____

"아브라함 때에 첫 흉년이 들었더니 그 땅에 또 흉년이 들매
이삭이 그랄로 가서 블레셋 왕 아비멜렉에게 이르렀더니
여호와께서 이삭에게 나타나 이르시되
애굽으로 내려가지 말고 내가 네게 지시하는 땅에 거주하라
이 땅에 거류하면 내가 너와 함께 있어 네게 복을 주고
내가 이 모든 땅을 너와 네 자손에게 주리라
내가 네 아버지 아브라함에게 맹세한 것을 이루어
네 자손을 하늘의 별과 같이 번성하게 하며
이 모든 땅을 네 자손에게 주리니
네 자손으로 말미암아 천하 만민이 복을 받으리라
이는 아브라함이 내 말을 순종하고
내 명령과 내 계명과 내 율례와 내 법도를 지켰음이라 하시니라"

26. 하나님만 의지하라!

아브라함(12장)의 때에

있었던 것과 같은 흉년이

그 땅에 다시 들었습니다.

이삭은 블레셋 왕 아비멜렉이 사는 그랄로 갔습니다.

그때 여호와께서 이삭에서 나타나 말씀하셨습니다.

"너는 이집트로 내려가지 말고 내가 네게 지시하는 땅에 거주하라.

네가 이 땅에서 살면 내가 너와 함께하여

너를 축복하고 이 모든 땅을 너와 네 후손에게 주겠다."

하나님께서는 양식이 풍부한 애굽(환경)을 의지하지 말고

믿음으로 하나님만 의지라고 말씀하셨습니다.

힘들고 어려운 상황에서

눈에 보이는 것을 의지하지 말고

변함없이 나를 도와주실 분은

오직 하나님 한 분뿐이라는 사실을 기억하며

하나님을 의지합시다!

♡MEMO♡

"이삭이 나이가 많아 눈이 어두워 잘 보지 못하더니
맏아들 에서를 불러 이르되
내 아들아 하매 그가 이르되 내가 여기 있나이다 하니
이삭이 이르되 내가 이제 늙어 어느 날 죽을는지 알지 못하니
그런즉 네 기구 곧 화살통과 활을 가지고 들에 가서
나를 위하여 사냥하여
내가 즐기는 별미를 만들어 내게로 가져와서 먹게 하여
내가 죽기 전에 내 마음껏 네게 축복하게 하라"

27. 오늘도 살아보자!

이삭은 나이가 많아 눈이 어두워

잘 볼 수 없게 되었습니다.

어느 날 큰아들 에서를 불러 이렇게 말했습니다.

"아들아 이제 내가 늙어서 언제 죽을지 모르겠구나.

그러니 이제 너는 나를 위해 사냥을 해서

내가 좋아하는 별미를 만들어 오너라.

내가 그것을 먹고 죽기 전에 너에게 마지막으로 축복해 주겠다."

이 내용만 보면 이삭이 곧 죽을 날을 기다리는 것처럼 느껴집니다.

그러나 이삭은 앞으로 40~50년을 더 살게 됩니다.

사람은 언젠가는 모두 죽지만

미리 자신의 삶을 포기해서는 안 됩니다.

미리 포기한다면 살아 있어도 오늘 하루는 의미가 없습니다.

우리 모두 하나님께서 나에게 선물로 주신

소중한 오늘!

가장 의미 있게 후회 없이 살아보아요.

♡MEMO♡

_____

_____

"야곱이 브엘세바에서 떠나 하란으로 향하여 가더니
한 곳에 이르러는 해가 진지라 거기서 유숙하려고
그곳의 한 돌을 가져다가 베개로 삼고 거기 누워 자더니
꿈에 본즉 사닥다리가 땅 위에 서 있는데
그 꼭대기가 하늘에 닿았고
또 본즉 하나님의 사자들이 그 위에서 오르락내리락하고
또 본즉 여호와께서 그 위에 서서 이르시되
나는 여호와니 너의 조부 아브라함의 하나님이요
이삭의 하나님이라 네가 누워 있는 땅을
내가 너와 네 자손에게 주리니
네 자손이 땅의 티끌같이 되어
네가 서쪽과 동쪽과 북쪽과 남쪽으로 퍼져 나갈지며
땅의 모든 족속이 너와 네 자손으로 말미암아 복을 받으리라
내가 너와 함께 있어 네가 어디로 가든지 너를 지키며
너를 이끌어 이 땅으로 돌아오게 할지라
내가 네게 허락한 것을 다 이루기까지
너를 떠나지 아니하리라 하신지라"

64

28. 난 이제 혼자가 아니야!

형 에서는 동생 야곱에게 축복을 빼앗기고
동생을 원망하며 죽여야겠다는 악한 마음을 갖게 됩니다.
이 사실을 안 엄마 리브가는 동생 야곱에게
"형의 분노가 풀릴 때까지
외삼촌 집에 머물러 있어라."라고 말했습니다.
야곱은 엄마의 얘기를 듣고
자신을 죽이려는 형을 피해 길을 떠났습니다.
길을 떠나는 도중 해가 져서 벧엘에서 하룻밤을 보내게 됩니다.
그날 밤 여호와께서 꿈을 통해
야곱에게 이렇게 말씀하셨습니다.
"내가 너와 함께 있어
네가 어디로 가든지 너를 지키며
너를 이끌어 이 땅으로 돌아오게 할지라
내가 네게 허락한 것을 다 이루기까지 너를 떠나지 아니하리라."
우리는 혼자가 아닙니다.
주위에 나를 도와줄 사람들이 없어도
우리의 모든 상황을 아시는 주님께서
나와 함께 계시다는 사실을 잊지 말아야 합니다.

♡MEMO♡

_____

_____

"라반에게 두 딸이 있으니 언니의 이름은 레아요
아우의 이름은 라헬이라
레아는 시력이 약하고 라헬은 곱고 아리따우니
야곱이 라헬을 더 사랑하므로 대답하되
내가 외삼촌의 작은 딸 라헬을 위하여
외삼촌에게 칠 년을 섬기리이다
라반이 이르되 그를 네게 주는 것이
타인에게 주는 것보다 나으니 나와 함께 있으라
야곱이 라헬을 위하여 칠 년 동안 라반을 섬겼으나
그를 사랑하는 까닭에 칠 년을 며칠같이 여겼더라"

29. 사랑하기 때문에

야곱은 드디어 외삼촌 라반의 집에 도착했습니다.

라반에게는 레아와 라헬이라는

두 딸이 있었습니다.

야곱은 동생 라헬을 사랑했습니다.

야곱은 라헬과 결혼하기 위해서 외삼촌에게 이렇게 제안했습니다.

"제가 칠 년 동안 외삼촌 일을 해 드리겠습니다.

그러면 그때 라헬과 결혼하게 해주십시오."

라반은 "다른 사람에게 주는 것보다

너에게 주는 편이 낫겠다."라고 말하며 허락했습니다.

야곱은 라헬과 결혼하기 위해

7년 동안 성실하게 일했습니다.

그녀를 사랑하기 때문에

야곱에게 7년은 며칠같이 느껴졌습니다.

우리가 믿음의 길을 걸어가다 보면

힘들고 어려운 시간을 보내게 됩니다.

그 상황에서 버틸 수 있는 힘은

주님을 깊이 사랑하는 우리의 마음에서 나옵니다.

♡MEMO♡

_____

_____

"라헬이 요셉을 낳았을 때에 야곱이 라반에게 이르되
나를 보내어 내 고향 나의 땅으로 가게 하시되
내가 외삼촌에게서 일하고 얻은 처자를 내게 주시어
나로 가게 하소서
내가 외삼촌에게 한 일은 외삼촌이 아시나이다
라반이 그에게 이르되
여호와께서 너로 말미암아 내게 복 주신 줄을 내가 깨달았노니
네가 나를 사랑스럽게 여기거든 그대로 있으라"

30. 축복의 통로

라헬이 요셉을 낳은 후에

야곱은 라반에게 이렇게 말했습니다.

"이제 고향으로 돌아가고 싶습니다.

저를 고향으로 보내 주세요."

그러나 라반은 야곱을 보내 줄 생각이 없었습니다.

이유는 하나님께서 야곱을 통해

자신에게 복을 주셨다는 사실을

경험을 통해서 잘 알고 있었기 때문입니다.

라반은 이 복을 포기하고 싶지 않았습니다.

라반은 야곱에게

"여호와께서 너로 말미암아

내게 복 주신 줄을 내가 깨달았노니

네가 나를 사랑스럽게 여기거든

그대로 있으라."라고 말했습니다.

라반에게 야곱은 축복의 통로였습니다.

하나님께서 우리와 함께 계신다면

우리는 하나님의 복을 전해 주는

축복의 통로가 될 것입니다.

♡MEMO♡

_____

_____

"야곱이 라반의 아들들이 하는 말을 들은즉
야곱이 우리 아버지의 소유를 다 빼앗고
우리 아버지의 소유로 말미암아
이 모든 재물을 모았다 하는지라
야곱이 라반의 안색을 본즉 자기에게 대하여
전과 같지 아니하더라
여호와께서 야곱에게 이르시되
네 조상의 땅 네 족속에게로 돌아가라
내가 너와 함께 있으리라 하신지라"

31. 환경을 통해 말씀하시는 하나님

야곱은 라반의 집에서 6년 동안 많은 재산을 모았습니다.

그러나 라반의 아들들은 이를 좋아하지 않았습니다.

야곱의 처남들은

'야곱은 우리 아버지의 재산을 다 빼앗고, 우리 아버지의 재산으로

큰 부자가 되었다.'라고 생각하며 시기했습니다.

라반도 야곱을 예전처럼

친절하게 대하지 않았습니다.

야곱은 더 이상 이곳에 머물 수가 없었습니다.

그때 여호와께서 야곱에게 나타나셔서

"네 조상의 땅 네 족속에게로 돌아가라.

내가 너와 함께 있으리라."고 말씀하셨습니다.

이제 야곱의 목적은 머무는 것이 아니라,

고향으로 돌아가는 것으로 바뀌었습니다.

하나님의 때가 되었을 때,

야곱의 환경에 변화가 생겼습니다.

이제 하나님께서 계획하신 방향으로 야곱을 인도하실 것이며

그 길은 하나님께서 지켜 주시고 함께하시는 길이 될 것입니다.

하나님께서는 환경의 변화를 통해 하나님의 계획을 보여 주십니다.

새로운 환경을 두려워하지 말고

하나님을 믿고 따라가는 믿음과 용기가 있길 바랍니다.

♡MEMO♡

_____

_____

"야곱이 또 이르되 내 조부 아브라함의 하나님,
내 아버지 이삭의 하나님 여호와여 주께서 전에 내게 명하시기를
네 고향, 네 족속에게로 돌아가라
내가 네게 은혜를 베풀리라 하셨나이다
나는 주께서 주의 종에게 베푸신 모든 은총과
모든 진실하심을 조금도 감당할 수 없사오나
내가 내 지팡이만 가지고 이 요단을 건넜더니
지금은 두 떼나 이루었나이다
내가 주께 간구하오니 내 형의 손에서, 에서의 손에서
나를 건져 내시옵소서 내가 그를 두려워함은
그가 와서 나와 내 처자들을 칠까 겁이 나기 때문이니이다
주께서 말씀하시기를 내가 반드시 네게 은혜를 베풀어
네 씨로 바다의 셀 수 없는 모래와 같이 많게 하리라 하셨나이다"

32. 두려운 상황을 극복하는 방법

야곱은 하나님의 도움으로 라반의 집에서 무사히 나오게 되었습니다.

그러나 고향으로 가기에는

아직 해결하지 못한 문제가 또 있었습니다.

20년 전 형과 해결하지 못한 문제였습니다.

야곱은 형 에서에게 사자를 보내 에서의 상황을 살폈습니다.

종들이 전한 메시지는 에서가 400명을 이끌고

자신을 만나러 오고 있다는 것이었습니다.

야곱은 자신의 재산을 두 떼로 나누어

혹시 모를 형의 공격에 대비했습니다.

그러나 야곱은 인간적인 방법으로 끝나지 않았고

믿음으로 하나님께 기도했습니다.

야곱이 이렇게 기도할 수 있었던 이유는

두려움 가득한 위기 상황에서

자신을 지켜 주시고 건져 내 주신 분이

오직 하나님 한 분뿐이라는 사실을 경험했기 때문입니다.

다시 한번 야곱은 하나님의 은혜를 구하며

두려운 상황을 극복하게 됩니다.

♡MEMO♡

_____

_____

"하나님이 내게 은혜를 베푸셨고
내 소유도 족하오니 청하건대
내가 형님께 드리는 예물을 받으소서 하고
그에게 강권하매 받으니라"

33. 하나님께 받은 은혜를 시인하자!

야곱은 형 에서를 위해 큰 선물을 준비했습니다.

그런데 형 에서는 선물을 받지 않고

"내 동생아 내게 있는 것이 족하니

네 소유는 네게 두라."라고 말하며 거절했습니다.

그러나 야곱은

"하나님이 내게 은혜를 베푸셨고 내 소유도 족하오니"라고 시인하며

다시 한번 강력하게 선물을 받아 달라고 권했습니다.

야곱은 자신이 누리고 있는 모든 것들이

하나님의 은혜라는 사실을 인정하고 시인했습니다.

우리도 하나님께서 나에게 은혜를 베푸셔서

많은 것을 받았다는 사실에 감사해야 합니다.

♡MEMO♡

_____

_____

"레아가 야곱에게 낳은 딸 디나가 그 땅의 딸들을 보러 나갔더니
히위 족속 중 하몰의 아들 그 땅의 추장 세겜이
그를 보고 끌어들여 강간하여 욕되게 하고
그 마음이 깊이 야곱의 딸 디나에게 연연하며
그 소녀를 사랑하여 그의 마음을 말로 위로하고
그의 아버지 하몰에게 청하여 이르되
이 소녀를 내 아내로 얻게 하여 주소서 하였더라
야곱이 그 딸 디나를 그가 더럽혔다 함을 들었으나
자기의 아들들이 들에서 목축하므로
그들이 돌아오기까지 잠잠하였고
세겜의 아버지 하몰은 야곱에게 말하러 왔으며
야곱의 아들들은 들에서 이를 듣고 돌아와서
그들 모두가 근심하고 심히 노하였으니
이는 세겜이 야곱의 딸을 강간하여
이스라엘에게 부끄러운 일 곧 행하지 못할 일을 행하였음이더라"

34. 성폭행 트라우마

어느 날 야곱의 딸 디나는 자신과

다른 문화에 사는 여자들이 궁금해서,

그 지역 여자들을 보기 위해 나갔습니다.

그런데 그 지역 추장인 세겜이 그녀를 보고

끌고 가서 강간죄를 저질렀습니다.

그는 아버지 하몰에게 디나를 자신의 아내로 삼게 해 달라고

요청까지 했습니다.

세겜의 이야기를 들은 아버지 하몰은

야곱에게 찾아가 이렇게 말했습니다.

"내 아들 세겜이 마음으로 너희 딸을 연연하여 하니

원하건대 그를 세겜에게 주어 아내로 삼게 하라."

가해자의 강압적인 요구는 피해자에게 큰 상처가 되었습니다.

이 사건의 결말은 화가 난 디나의 오빠들이 칼로 하몰과 세겜과

세겜 사람들을 죽이고 참혹한 비극으로 끝이 났습니다.

이처럼 성폭행 트라우마는 한 사람의 인생과 가족 전체에게

지울 수 없는 큰 상처와 아픔을 남기게 됩니다.

우리 사회가 서로를 더욱 배려하고

존중하는 공동체가 되도록 기도합시다.

♡MEMO♡

_____

_____

"하나님이 야곱에게 이르시되
일어나 벧엘로 올라가서 거기 거주하며
네가 네 형 에서의 낯을 피하여 도망하던 때에
네게 나타났던 하나님께 거기서 제단을 쌓으라 하신지라
야곱이 이에 자기 집안사람과 자기와 함께한 모든 자에게 이르되
너희 중에 있는 이방 신상들을 버리고
자신을 정결하게 하고 너희들의 의복을 바꾸어 입으라
우리가 일어나 벧엘로 올라가자
내 환난 날에 내게 응답하시며
내가 가는 길에서 나와 함께하신 하나님께
내가 거기서 제단을 쌓으려 하노라 하매
그들이 자기 손에 있는 모든 이방 신상들과
자기 귀에 있는 귀고리들을 야곱에게 주는지라
야곱이 그것들을 세겜 근처 상수리나무 아래에 묻고
그들이 떠났으나 하나님이 그 사면 고을들로
크게 두려워하게 하셨으므로
야곱의 아들들을 추격하는 자가 없었더라"

35. 회복의 역사

야곱은 그의 아들들이 행했던 복수 때문에

주변 국가들로부터 생명의 위협을 느끼게 되었습니다.

하나님께서는 두려움에 떨고 있는 야곱을 보호하기 위해서

주변 국가들에게 큰 두려움을 주어

야곱을 추격하지 못하도록 하셨습니다.

"하나님이 그 사면 고을들로 크게 두려워하게 하셨으므로

야곱의 아들들을 추격하는 자가 없었더라."

야곱은 하나님의 도우심을 간절히 바라며

갖고 있던 이방 신상들을 버리고

온전한 신앙을 회복하였습니다.

우리가 하나님께 집중하며

먼저 신앙을 회복시킨다면

현재 걱정하는 문제들과 두려워하는 환경을

하나님께서 해결해 주시고 보호해 주실 것입니다.

♡MEMO♡

_____

_____

"에서 곧 에돔의 족보는 이러하니라
에서가 가나안 여인 중 헷 족속 엘론의 딸 아다와
히위 족속 시브온의 딸인 아나의 딸 오홀리바마를
자기 아내로 맞이하고
또 이스마엘의 딸 느바욧의 누이 바스맛을 맞이하였더니
아다는 엘리바스를 에서에게 낳았고 바스맛은 르우엘을 낳았고
오홀리바마는 여우스와 얄람과 고라를 낳았으니
이들은 에서의 아들들이요
가나안 땅에서 그에게 태어난 자들이더라
에서가 자기 아내들과 자기 자녀들과
자기 집의 모든 사람과 자기의 가축과 자기의 모든 짐승과
자기가 가나안 땅에서 모은 모든 재물을 이끌고
그의 동생 야곱을 떠나 다른 곳으로 갔으니
두 사람의 소유가 풍부하여 함께 거주할 수 없음이러라
그들이 거주하는 땅이 그들의 가축으로 말미암아
그들을 용납할 수 없었더라
이에 에서 곧 에돔이 세일 산에 거주하니라"

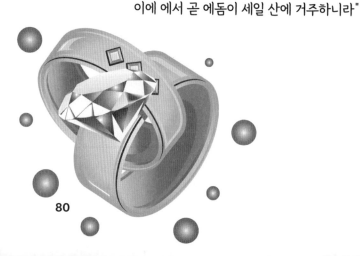

36. 언약 백성

에서는 가나안 땅에서 많은 재물을 얻었습니다.

형 에서와 동생 야곱의 소유가 너무 많아서

함께 살기에는 그 땅이 부족했습니다.

형과 동생은 헤어져야 했습니다.

에서는 하나님께서 약속하신 땅을 자연스럽게 떠나

세일 산에 거주하게 되었습니다.

그러나 하나님의 언약 백성인 야곱은

하나님께서 축복하신 약속의 땅에 남게 되었습니다.

하나님께서는 언약 백성을 구별하십니다.

하나님의 언약 백성은 세상과 구별되어

예수님 곁에 항상 머물게 됩니다.

때론 스스로는 언약 백성이라고 생각하면서

하나님을 떠나 세상에 머물기를 더 좋아하는 사람들이 있습니다.

내가 어디에 머물러 있는지는 그 사람의 정체성을 말해 줍니다.

지금 나는 어디에 머물러 있는지

확인해 보는 시간이 되었으면 좋겠습니다.

♡MEMO♡

"야곱이 가나안 땅 곧 그의 아버지가 거류하던 땅에 거주하였으니

야곱의 족보는 이러하니라

요셉이 십칠 세의 소년으로서 그의 형들과 함께 양을 칠 때에

그의 아버지의 아내들 빌하와 실바의 아들들과

더불어 함께 있었더니

그가 그들의 잘못을 아버지에게 말하더라

요셉은 노년에 얻은 아들이므로 이스라엘이 여러 아들들보다

그를 더 사랑하므로 그를 위하여 채색옷을 지었더니

그의 형들이 아버지가 형들보다 그를 더 사랑함을 보고

그를 미워하여 그에게 편안하게 말할 수 없었더라"

37. 잘못된 사랑 표현

야곱은 아들 요셉을
다른 형제들보다 특별히 사랑했습니다.
요셉을 위해서 특별히 채색옷을 만들어 입혔고,
요셉이 형들의 잘못을 자신에게 일일이 일러바쳐도
그것을 막지 않았습니다.
아버지의 편애를 받았던 요셉은
타인을 생각하며 배려하기보다는
자신만 생각했습니다.
결국 형들은 아버지의 편애를 받고 있는 요셉을 미워했고,
분노한 형들은 요셉에게
친절하고 다정스럽게 말하지 않았습니다.
아버지의 잘못된 사랑 표현으로
형제들의 관계는 점점 멀어지게 되었고,
형제애는 금이 가고 깨지게 되었습니다.
우리는 사랑을 표현하는 일에도
지혜가 필요하다는 것을 기억해야 합니다.

♡MEMO♡

"그 후에 유다가 자기 형제들로부터 떠나

내려가서 아둘람 사람 히라와 가까이 하니라

유다가 거기서 가나안 사람 수아라 하는 자의 딸을 보고

그를 데리고 동침하니

그가 임신하여 아들을 낳으매 유다가 그의 이름을 엘이라 하니라

그가 다시 임신하여 아들을 낳고 그의 이름을 오난이라 하고

그가 또다시 아들을 낳고 그의 이름을 셀라라 하니라

그가 셀라를 낳을 때에 유다는 거십에 있었더라

유다가 장자 엘을 위하여 아내를 데려오니

그의 이름은 다말이더라

유다의 장자 엘이 여호와가 보시기에 악하므로

여호와께서 그를 죽이신지라

유다가 오난에게 이르되 네 형수에게로 들어가서

남편의 아우 된 본분을 행하여 네 형을 위하여 씨가 있게 하라

오난이 그 씨가 자기 것이 되지 않을 줄 알므로

형수에게 들어갔을 때에 그의 형에게 씨를 주지 아니하려고

땅에 설정하매 그 일이 여호와가 보시기에 악하므로

여호와께서 그도 죽이시니

유다가 그의 며느리 다말에게 이르되 수절하고

네 아버지 집에 있어 내 아들 셀라가 장성하기를 기다리라 하니

셀라도 그 형들같이 죽을까 염려함이라

다말이 가서 그의 아버지 집에 있으니라"

38. 책임 회피

유다에게는 3명(엘, 오난, 셀라)의 아들이 있었습니다.

첫째 엘은 다말과 결혼했지만 자녀를 낳기 전에 죽었습니다.

다말은 혼자가 되었습니다.

그런데 고대 근동의 관례를 보면 형사취수 제도가 있습니다.

이는 형이 자손을 두지 않고 죽으면 동생이 형수와 결혼하여

부양하는 제도입니다.

이 제도는 재산 상속과도 관련이 있습니다.

그래서 둘째였던 오난은 형이 죽고 장자가 되어

더 많은 유산을 받을 수 있게 되었습니다.

하지만 자신만 생각한 오난은

형을 위해 자식을 낳아 주는

시동생의 책임과 의무를 다하지 않았습니다.

자신의 책임을 회피한 오난은 그가 행한 악한 일로

유산을 하나도 받지 못하고 죽임을 당했습니다.

하나님 자녀로서 나에게 주어진 책임과 의무를

나의 욕심 때문에 회피하지 않았으면 좋겠습니다.

♡MEMO♡

"요셉이 이끌려 애굽에 내려가매
바로의 신하 친위 대장 애굽 사람 보디발이
그를 그리로 데려간 이스마엘 사람의 손에서 요셉을 사니라
여호와께서 요셉과 함께하시므로 그가 형통한 자가 되어
그의 주인 애굽 사람의 집에 있으니
그의 주인이 여호와께서 그와 함께하심을 보며
또 여호와께서 그의 범사에 형통하게 하심을 보았더라
요셉이 그의 주인에게 은혜를 입어 섬기매
그가 요셉을 가정 총무로 삼고
자기의 소유를 다 그의 손에 위탁하니
그가 요셉에게 자기의 집과 그의 모든 소유물을 주관하게 한 때부터
여호와께서 요셉을 위하여 그 애굽 사람의 집에 복을 내리시므로
여호와의 복이 그의 집과 밭에 있는 모든 소유에 미친지라
주인이 그의 소유를 다 요셉의 손에 위탁하고
자기가 먹는 음식 외에는 간섭하지 아니하였더라
요셉은 용모가 빼어나고 아름다웠더라"

39. 형통한 자

요셉의 형들은 얄미운 동생 요셉을

상인들에게 팔아넘겼습니다.

그런 요셉을 보디발(이집트 왕의 친위 대장)이

상인들에게 돈을 주고 샀습니다.

보디발의 집에 팔려 온 요셉은

성실하게 주인을 섬기며 열심히 일했습니다.

좋은 성품의 요셉은 자신에게 맡겨진 모든 일에 최선을 다했습니다.

하나님께서는 요셉이 하는 모든 일들을 형통하게 하셨습니다.

요셉의 형통함은 눈으로 볼 수 있는 가시적인 성과를 냈습니다.

보디발은 여호와께서 요셉과 함께하셔서

요셉이 하는 모든 일들을 잘되게 하신다는 사실을 알게 되었습니다.

그런 요셉을 가정 총무로 삼았고

자기의 모든 소유를 그에게 맡겼습니다.

형통함의 시작은 하나님과 함께하는 것입니다.

형통함을 기대하신다면 하나님께 더욱 가까이 나아가시길 바랍니다.

♡MEMO♡

_____

_____

"그 후에 애굽 왕의 술 맡은 자와 떡 굽는 자가
그들의 주인 애굽 왕에게 범죄한지라
바로가 그 두 관원장 곧 술 맡은 관원장과 떡 굽는 관원장에게 노하여
그들을 친위 대장의 집 안에 있는 옥에 가두니 곧 요셉이 갇힌 곳이라
친위 대장이 요셉에게 그들을 수종들게 하매 요셉이 그들을 섬겼더라
그들이 갇힌 지 여러 날이라
옥에 갇힌 애굽 왕의 술 맡은 자와 떡 굽는 자 두 사람이
하룻밤에 꿈을 꾸니 각기 그 내용이 다르더라
아침에 요셉이 들어가 보니 그들에게 근심의 빛이 있는지라
요셉이 그 주인의 집에 자기와 함께 갇힌 바로의 신하들에게 묻되
어찌하여 오늘 당신들의 얼굴에 근심의 빛이 있나이까
그들이 그에게 이르되 우리가 꿈을 꾸었으나 이를 해석할 자가 없도다
요셉이 그들에게 이르되
해석은 하나님께 있지 아니하니이까 청하건대 내게 이르소서"

40. 하나님의 계획

요셉은 보디발의 집에서 정직하게

열심히 일했습니다.

그러나 요셉에게 돌아온 것은

억울한 누명을 쓰고 죄인이 되어 감옥에 투옥된 것이었습니다.

어느 날, 애굽 왕을 섬기는 두 관원장이 감옥에 들어오게 되었습니다.

그리고 두 사람은 꿈을 꾸게 되었고,

그 꿈을 요셉이 듣고 해석해 주었습니다.

놀랍게도 3일 후, 바로의 생일날

요셉이 해석한 꿈은 현실이 되었습니다.

떡 굽는 관원장은 목숨을 잃게 되었고,

술 맡은 관원장은 다시 복직되었습니다.

요셉이 갇혀 있는 감옥에 두 관원장이 온 것은 우연일까요?

두 관원장이 감옥에서 꿈을 꾸고,

요셉이 그 꿈을 해석한 것도 우연일까요?

또한 요셉이 해석한 꿈이 현실이 된 것이 우연일까요?

우리의 인생 속에 하나님의 계획을 볼 수 있는

믿음의 눈이 있다면 불안한 마음보다는 기대감이 생길 것입니다.

♡MEMO♡

_____

_____

"술 맡은 관원장이 바로에게 말하여 이르되

내가 오늘 내 죄를 기억하나이다

바로께서 종들에게 노하사 나와 떡 굽는 관원장을

친위 대장의 집에 가두셨을 때에

나와 그가 하룻밤에 꿈을 꾼즉 각기 뜻이 있는 꿈이라

그곳에 친위 대장의 종 된 히브리 청년이 우리와 함께 있기로

우리가 그에게 말하매 그가 우리의 꿈을 풀되

그 꿈대로 각 사람에게 해석하더니

그 해석한 대로 되어 나는 복직되고 그는 매달렸나이다

이에 바로가 사람을 보내어 요셉을 부르매

그들이 급히 그를 옥에서 내놓은지라 요셉이 곧 수염을 깎고

그의 옷을 갈아입고 바로에게 들어가니

바로가 요셉에게 이르되 내가 한 꿈을 꾸었으나

그것을 해석하는 자가 없더니 들은즉

너는 꿈을 들으면 능히 푼다 하더라

요셉이 바로에게 대답하여 이르되

내가 아니라 하나님께서 바로에게 편안한 대답을 하시리이다"

41. 사람을 기다리지 말고 하나님의 때를 기다리세요!

2년 전 요셉은 술 맡은 관원장에게

"당신이 잘되시거든 나를 생각하고 내게 은혜를 베풀어서

내 사정을 바로에게 아뢰어 이 집에서 나를 건져 주소서."

라고 부탁을 했습니다.

그러나 술 맡은 관원장은 요셉의 부탁을 잊어버렸습니다.

요셉은 술 맡은 관원장을 기다리며 지쳤을 것입니다.

화도 나고, 원망도 하고, 속았다는 생각도 들고,

배신감도 들었을 것입니다.

하지만 요셉에게는 아무리 애를 써도 감옥에서

나갈 수 있는 방법이 없었습니다.

자신이 억울하게 감옥에 있다는 사실을

아무도 모르고 있다는 것은 요셉에게 절망적이었습니다.

그러나 그 사실을 알고 계신 분이 계셨습니다.

바로 하나님이십니다!

이 사실을 깨닫게 된 요셉은 사람에게 기대하지 않았고,

하나님의 때를 믿음으로 기다렸습니다.

그리고 2년 후 요셉은 하나님의 때에

자유의 몸으로 회복이 되었습니다.

♡MEMO♡

_____

_____

"그때에 야곱이 애굽에 곡식이 있음을 보고 아들들에게 이르되
너희는 어찌하여 서로 바라보고만 있느냐
야곱이 또 이르되 내가 들은즉 저 애굽에 곡식이 있다 하니
너희는 그리로 가서 거기서 우리를 위하여 사 오라
그러면 우리가 살고 죽지 아니하리라 하매
요셉의 형 열 사람이 애굽에서 곡식을 사려고 내려갔으나
야곱이 요셉의 아우 베냐민은
그의 형들과 함께 보내지 아니하였으니
이는 그의 생각에 재난이 그에게 미칠까 두려워함이었더라
이스라엘의 아들들이 양식 사러 간 자 중에 있으니
가나안 땅에 기근이 있음이라
때에 요셉이 나라의 총리로서 그 땅 모든 백성에게 곡식을 팔더니
요셉의 형들이 와서 그 앞에서 땅에 엎드려 절하매
요셉이 보고 형들인 줄을 아나 모르는 체하고 엄한 소리로
그들에게 말하여 이르되 너희가 어디서 왔느냐 그들이 이르되
곡물을 사려고 가나안에서 왔나이다
요셉은 그의 형들을 알아보았으나 그들은 요셉을 알아보지 못하더라
요셉이 그들에게 대하여 꾼 꿈을 생각하고 그들에게 이르되
너희는 정탐꾼들이라 이 나라의 틈을 엿보려고 왔느니라"

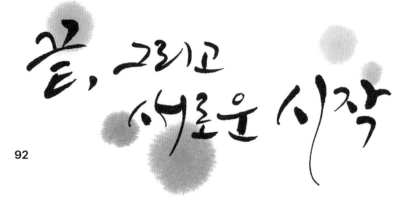

끝, 그리고
새로운 시작

42. 꿈은 이루어진다!

하나님의 은혜로 요셉은 죄인에서 애굽의 총리가 되었습니다.

요셉이 다스리는 애굽 땅에 7년 동안의 풍년이 끝나고

흉년이 들기 시작했습니다.

여러 나라에 기근이 들었지만

요셉이 총리로 있는 애굽에는 식량이 있었습니다.

가나안에 있던 야곱의 가족들도 기근을 피해 갈 수 없었습니다.

야곱의 아들들이 식량을 구하기 위해 애굽으로 내려갔습니다.

애굽에서 요셉의 형들은 총리 요셉을 알아보지 못하고,

요셉 앞에서 땅에 엎드려 절했습니다.

이것은 요셉이 노예로 끌려간 후 약 20년 만의 만남이었습니다.

요셉은 땅에 엎드려 자신에게 절하는 형들을 보며

노예로 팔려 오기 전에 자신이 꾸었던 꿈이 생각났을 것입니다.

하나님께서 주시는 꿈은

내가 이루는 것이 아니라 하나님께서 이루어 주십니다.

그러므로 우리는 나의 꿈을 이루기 위해 기도하지 말고

"주님의 뜻이 이루어지도록 나를 사용하소서!"라고 기도해야 합니다.

♡MEMO♡

_____

_____

"그들을 요셉의 집으로 인도하고 물을 주어 발을 씻게 하며

그들의 나귀에게 먹이를 주더라

그들이 거기서 음식을 먹겠다 함을 들었으므로

예물을 정돈하고 요셉이 정오에 오기를 기다리더니

요셉이 집으로 오매 그들이 집으로 들어가서

예물을 그에게 드리고 땅에 엎드려 절하니

요셉이 그들의 안부를 물으며 이르되

너희 아버지 너희가 말하던 그 노인이 안녕하시냐

아직도 생존해 계시느냐

그들이 대답하되 주의 종 우리 아버지가 평안하고

지금까지 생존하였나이다 하고 머리 숙여 절하더라

요셉이 눈을 들어 자기 어머니의 아들

자기 동생 베냐민을 보고 이르되

너희가 내게 말하던 너희 작은 동생이 이 아이냐

그가 또 이르되 소자여 하나님이 네게 은혜 베푸시기를 원하노라

요셉이 아우를 사랑하는 마음이 복받쳐 급히 울 곳을 찾아

안방으로 들어가서 울고

얼굴을 씻고 나와서 그 정을 억제하고 음식을 차리라 하매

그들이 요셉에게 따로 차리고 그 형제들에게 따로 차리고

그와 함께 먹는 애굽 사람에게도 따로 차리니

애굽 사람은 히브리 사람과 같이 먹으면 부정을 입음이었더라

그들이 요셉 앞에 앉되 그들의 나이에 따라 앉히게 되니

그들이 서로 이상히 여겼더라

요셉이 자기 음식을 그들에게 주되 베냐민에게는 다른 사람보다

다섯 배나 주매 그들이 마시며 요셉과 함께 즐거워하였더라"

43. 역전의 하나님

요셉은 형들과 두 번째 만남에서

그들과 함께 식사 시간을 가졌습니다.

총리였던 요셉의 상은 형들과 따로 차려졌습니다.

형들과 함께 식사하는 이 상황은 요셉에게 의미 있는 사건입니다.

예전에 형들이 자신을 구덩이에 던지고,

구덩이 위에서 음식을 먹었기 때문입니다(창37:24~25).

요셉은 구덩이 안에서 배고픔, 외로움, 무서움에

서러운 마음이 들어 뜨거운 눈물을 흘렸을 것입니다.

이제 요셉은 형들 밑에 있지 않고 위에 있습니다.

하나님께서는 요셉이 경험한 마음의 상처를 기억하시고

그의 마음을 치유해 주셨습니다.

역전의 하나님께서는 힘들었던 나의 환경을

시간이 지나도 기억하시고

나의 상처를 치유해 주시는 분입니다.

♡MEMO♡

_____

_____

"주의 종이 내 아버지에게 아이를 담보하기를
내가 이를 아버지께로 데리고 돌아오지 아니하면
영영히 아버지께 죄짐을 지리이다 하였사오니
이제 주의 종으로 그 아이를 대신하여 머물러 있어
내 주의 종이 되게 하시고
그 아이는 그의 형제들과 함께 올려보내소서
그 아이가 나와 함께 가지 아니하면
내가 어찌 내 아버지에게로 올라갈 수 있으리이까
두렵건대 재해가 내 아버지에게 미침을 보리이다"

44. 회복된 형제 관계

요셉은 동생 베냐민을 곁에 두기 위해서

형제들 몰래 베냐민의 자루에

은잔을 넣었습니다.

그리고 집으로 돌아가는 형제들에게

청지기를 보내

"은잔을 훔쳐 간 사람을 종으로 삼겠다."라고 전달했습니다.

이 이야기를 전해 들은 형제들은 억울했지만

자신들이 총리의 은잔을 훔치지 않았기 때문에

확신이 있었습니다.

그런데 요셉의 은잔이

베냐민의 자루에서 발견된 것을 보고

자신의 옷을 찢으며 슬퍼했습니다.

이런 상황을 예상치 못했던 형 유다는 억울하고 당황스러웠지만

동생 베냐민만 애굽에 남겨 두고 아버지에게 돌아갈 수 없었습니다.

유다는 "우리와 이 잔이 발견된 자가 다 내 주의

노예가 되겠나이다."라고 요셉에게 말했습니다.

요셉은 예전과 다른 형들의 모습을 보게 되었습니다.

하나님의 은혜 안에서 오해와 질투로 깨졌던 형제 관계가

회복되는 은혜가 있길 소망합니다.

♡MEMO♡

_____

_____

"요셉이 시종하는 자들 앞에서 그 정을 억제하지 못하여
소리 질러 모든 사람을 자기에게서 물러가라 하고
그 형제들에게 자기를 알리니
그때에 그와 함께한 다른 사람이 없었더라
요셉이 큰 소리로 우니 애굽 사람에게 들리며
바로의 궁중에 들리더라
요셉이 그 형들에게 이르되 나는 요셉이라
내 아버지께서 아직 살아 계시니이까
형들이 그 앞에서 놀라서 대답하지 못하더라
요셉이 형들에게 이르되 내게로 가까이 오소서
그들이 가까이 가니 이르되
나는 당신들의 아우 요셉이니 당신들이 애굽에 판 자라
당신들이 나를 이곳에 팔았다고 해서 근심하지 마소서
한탄하지 마소서 하나님이 생명을 구원하시려고
나를 당신들보다 먼저 보내셨나이다
이 땅에 이 년 동안 흉년이 들었으나
아직 오 년은 밭갈이도 못 하고 추수도 못 할지라
하나님이 큰 구원으로 당신들의 생명을 보존하고
당신들의 후손을 세상에 두시려고
나를 당신들보다 먼저 보내셨나니
그런즉 나를 이리로 보낸 이는 당신들이 아니요 하나님이시라
하나님이 나를 바로에게 아버지로 삼으시고
그 온 집의 주로 삼으시며 애굽 온 땅의 통치자로 삼으셨나이다"

45. 참았던 눈물

자신의 의지와 상관없이

가족과 헤어졌던 요셉은

문득문득 떠오르는 가족에 대한 그리움과 외로움에

눈물을 속으로 삼키기도 하고,

자신도 모르게 흐르는 눈물을 수없이 닦았을 것입니다.

가족에 대한 그리움은 아침 공기를 맡으면서도

때론 뜨거운 태양이 뜨는 오후에도

붉은 노을이 지는 저녁 시간에도 올라왔을 것입니다.

요셉은 가족을 마음에 그리며

여러 감정이 들었을 것입니다.

좋은 음식과 좋은 옷을 보면 자신에게 채색옷을 입혀 주셨던

아버지가 생각났을 것입니다.

함께 자란 형제들에게 버림받았지만,

눈앞에 지나가는 다른 형제들의 모습을 보면서

요셉은 형제들이 얼마나 그리웠을까요?

형제들 앞에 선 요셉은 그동안 참아왔던 눈물을 흘리며

큰 소리로 울었습니다.

하나님의 따뜻한 위로와 사랑으로

그동안 참았던 눈물을 시원하게 쏟아내며

회복의 시간이 주어지길 소망합니다.

♡MEMO♡

_____

_____

"이스라엘이 모든 소유를 이끌고 떠나 브엘세바에 이르러

그의 아버지 이삭의 하나님께 희생제사를 드리니

그 밤에 하나님이 이상 중에 이스라엘에게 나타나 이르시되

야곱아 야곱아 하시는지라

야곱이 이르되 내가 여기 있나이다 하매

하나님이 이르시되 나는 하나님이라 네 아버지의 하나님이니

애굽으로 내려가기를 두려워하지 말라

내가 거기서 너로 큰 민족을 이루게 하리라

내가 너와 함께 애굽으로 내려가겠고 반드시 너를 인도하여

다시 올라올 것이며 요셉이 그의 손으로

네 눈을 감기리라 하셨더라"

46. 새로운 환경을 두려워하지 마세요!

야곱은 앞으로 5년이나 지속될 기근을 피해

요셉이 있는 애굽으로 내려가야 했습니다.

야곱은 새로운 땅으로 가는 것이 두려웠습니다.

하나님께서는 그런 야곱의 마음을 아시고

야곱에게 환상 가운데 나타나셔서

"애굽으로 내려가는 것을 두려워하지 말라."라고 하셨고,

하나님의 뜻과 계획을 야곱에게 말씀해 주셨습니다.

새로운 환경은 설렘과 기대감을 주기도 하지만

익숙한 환경을 떠나야 한다는 두려운 마음도 들게 합니다.

우리에게 필요한 것은 안정적인 환경이 아니라

하나님의 계획과 뜻을 깨닫고

하나님께서 나와 함께 하신다는 믿음입니다.

그런 믿음이 있다면 어떤 환경에 있어도 두려워할 이유가 없습니다.

♡MEMO♡

"요셉이 자기 아버지 야곱을 인도하여 바로 앞에 서게 하니
야곱이 바로에게 축복하매
바로가 야곱에게 묻되 네 나이가 얼마냐
야곱이 바로에게 아뢰되 내 나그네 길의 세월이 백삼십 년이니이다
내 나이가 얼마 못 되니
우리 조상의 나그네 길의 연조에 미치지 못하나
험악한 세월을 보내었나이다 하고"

47. 험악한 세월

애굽으로 내려온 야곱은 바로 왕에게 인사했습니다.

요셉은 자신의 나이를 말하며

그동안 자신의 인생을 요약해서 말했습니다.

야곱은 짧은 세월을 살았지만 그의 인생에는 상처가 많았습니다.

형이 자신을 죽이려 해서

부모님을 떠나 피해 있었던 시간도 있었고

장인 라반에게 20년 동안 속아

힘들게 노동을 했던 일도 있었습니다.

오랜 시간 고향을 그리워했으며,

딸 디나의 일로 마음고생도 했습니다.

자식들이 살인자가 되는 것을 보기도 했으며

자식들이 서로를 질투하며 형들이 동생을 죽이려 했고

동생을 상인에게 팔아 버린 일도 있었습니다.

지금까지 야곱의 인생은

한마디로 험악한 세월이었습니다.

하지만 이후에 그의 인생은 예전의 삶과는 다를 것입니다.

야곱은 하나님께서 인도해 주신 땅에서

하나님의 축복을 누리며 죽는 날까지 평안하게 살게 될 것입니다.

힘들고 고달픈 우리 인생에도

하나님의 축복과 평안이 늘 함께하시길 기도합니다.

♡MEMO♡

_____

_____

"이 일 후에 어떤 사람이 요셉에게 말하기를
네 아버지가 병들었다 하므로
그가 곧 두 아들 므낫세와 에브라임과 함께 이르니
어떤 사람이 야곱에게 말하되 네 아들 요셉이 네게 왔다 하매
이스라엘이 힘을 내어 침상에 앉아
요셉에게 이르되 이전에 가나안 땅 루스에서
전능하신 하나님이 내게 나타나사 복을 주시며
내게 이르시되 내가 너로 생육하고 번성하게 하여
네게서 많은 백성이 나게 하고
내가 이 땅을 네 후손에게 주어
영원한 소유가 되게 하리라 하셨느니라"

48. 하나님의 뜻이 내 인생의 나침반

요셉은 아버지가 병들었다는 말을 듣고

두 아들 므낫세와 에브라임을 데리고 문병을 갔습니다.

야곱은 요셉이 문병하러 왔다는 말을 듣고

힘을 내어 침대에 앉았습니다.

그리고 예전에 하나님께서 자신에게 나타나셔서

축복해 주신 말씀을 이야기해 주었습니다.

야곱은 요셉에게 하나님의 뜻과 인생의 방향을 제시해 주었습니다.

축복의 내용은 이스라엘 백성들이 지금은 애굽에서 살고 있지만

언젠가는 애굽을 떠나 가나안 땅으로 가야 한다는

방향성을 제시해 주는 것이었습니다.

우리가 하나님의 뜻을 알게 된다면

인생의 방향을 잃고 헤매지 않을 것입니다.

하나님의 뜻을 구하며 성령님의 인도하심을 따라간다면

진정한 복을 누리는 삶이 될 것입니다.

♡MEMO♡

_____

_____

"이들은 이스라엘의 열두 지파라 이와 같이 그들의 아버지가
그들에게 말하고 그들에게 축복하였으니
곧 그들 각 사람의 분량대로 축복하였더라
그가 그들에게 명하여 이르되 내가 내 조상들에게로 돌아가리니
나를 헷 사람 에브론의 밭에 있는 굴에 우리 선조와 함께 장사하라
이 굴은 가나안 땅 마므레 앞 막벨라 밭에 있는 것이라
아브라함이 헷 사람 에브론에게서 밭과 함께 사서
그의 매장지를 삼았으므로
아브라함과 그의 아내 사라가 거기 장사되었고
이삭과 그의 아내 리브가도 거기 장사되었으며
나도 레아를 그곳에 장사하였노라
이 밭과 거기 있는 굴은 헷 사람에게서 산 것이니라
야곱이 아들에게 명하기를 마치고
그 발을 침상에 모으고 숨을 거두니 그의 백성에게로 돌아갔더라"

49. 아름다운 죽음

야곱은 마지막으로 자식들에게 축복하기 위해

아들들을 불러 모았습니다.

한 명 한 명 이름을 부르며

앞으로 임할 하나님의 축복을 빌어 주었습니다.

그리고 가나안 땅에 자신을 묻어 달라고

자식들에게 유언을 남기고

가족들이 보는 앞에서 147년의 삶을 마쳤습니다.

야곱은 조상들의 삶과 비교했을 때

힘들고 고된 삶을 살았습니다.

하지만 죽는 순간에는 누구보다 행복하게 임종을 맞이했습니다.

하나님의 뜻을 온전히 이루는 삶은 죽음도 아름답습니다.

주님 품으로 가는 그날까지 하늘의 뜻을 이루는

귀한 인생이 되길 바랍니다.

♡MEMO♡

_____

_____

"요셉이 그들에게 이르되 두려워하지 마소서
내가 하나님을 대신하리이까
당신들은 나를 해하려 하였으나
하나님은 그것을 선으로 바꾸사
오늘과 같이 많은 백성의 생명을 구원하게 하시려 하셨나니
당신들은 두려워하지 마소서
내가 당신들과 당신들의 자녀를 기르리이다 하고
그들을 간곡한 말로 위로하였더라"

JESUS

50. 악을 선으로 바꾸시는 하나님

형들은 요셉이 자신들에게 보복하지 않는 이유가

아버지 때문이라고 생각했습니다.

아버지가 죽자 이제는 요셉이

자신들을 지켜 줄 이유가 없다고 생각하며 두려워했습니다.

요셉이 두려웠던 형제들은 아버지가 죽기 전에

"형들의 죄를 다 용서해 주어라."라고 말씀하셨다고

요셉에게 거짓으로 전갈을 보냈습니다.

전갈을 받고 요셉은 두려워하는 형들의 마음을 느끼며

속상한 마음에 눈물을 흘렸습니다.

심지어 형들은 요셉을 찾아와 엎드려

"우리는 당신의 종들입니다."라고 말했습니다.

요셉은 크신 하나님의 뜻과 여기까지 인도하신 하나님의 은혜를

형들에게 말해 주며 두려워하는 형들을 위로해 주었습니다.

모두가 기쁜 마음으로 악을 선으로 바꾸신 하나님을 찬양했습니다.

우리 모두 악을 선으로 바꿔 주시고

죄인을 의인 삼아 주신 하나님께 감사와 찬양을 드립시다.

♡MEMO♡

_____

_____

출애굽기

"요셉을 알지 못하는 새 왕이 일어나 애굽을 다스리더니
그가 그 백성에게 이르되
이 백성 이스라엘 자손이 우리보다 많고 강하도다
자, 우리가 그들에게 대하여 지혜롭게 하자 두렵건대
그들이 더 많게 되면 전쟁이 일어날 때에 우리 대적과 합하여
우리와 싸우고 이 땅에서 나갈까 하노라 하고
감독들을 그들 위에 세우고 그들에게 무거운 짐을 지워 괴롭게 하여
그들에게 바로를 위하여 국고성 비돔과 라암셋을 건축하게 하니라
그러나 학대를 받을수록 더욱 번성하여 퍼져 나가니
애굽 사람이 이스라엘 자손으로 말미암아 근심하여
어려운 노동으로 그들의 생활을 괴롭게 하니
곧 흙 이기기와 벽돌 굽기와 농사의 여러 가지 일이라
그 시키는 일이 모두 엄하였더라"

51. 환경의 변화가 주는 기도 신호

이스라엘 자손들은 애굽의 보호를 받고 번성하며 매우 강해졌습니다.

하지만 요셉을 알지 못하는 새 왕이 애굽을 다스리면서

이스라엘 백성들에게 큰 변화가 왔습니다.

애굽 사람들에게 학대를 받았고

흙 이기기, 벽돌 굽기, 농사 등 여러 가지 일을 하며

어려운 노동으로 하루하루 괴로운 시간을 보내게 되었습니다.

이스라엘 백성들은 견디기 힘든 고된 노동 때문에

하나님께 도와 달라 부르짖었습니다.

긍휼하신 하나님께서는 이들의 기도를 들으시고

이스라엘 백성들을 애굽에서 약속의 땅으로 인도하여 주셨습니다.

환경의 변화가 있다면

새로운 일을 이루기 위해 기도하라는 신호일 수 있습니다.

우리를 향하신 크신 하나님의 계획을 경험하게 될 것입니다.

♡MEMO♡

_____

_____

"레위 가족 중 한 사람이 가서 레위 여자에게 장가들어

그 여자가 임신하여 아들을 낳으니

그가 잘생긴 것을 보고 석 달 동안 그를 숨겼으나

더 숨길 수 없게 되매 그를 위하여 갈대 상자를 가져다가

역청과 나뭇진을 칠하고 아기를 거기 담아

나일 강가 갈대 사이에 두고

그의 누이가 어떻게 되는지를 알려고 멀리 섰더니

바로의 딸이 목욕하러 나일강으로 내려오고

시녀들은 나일 강가를 거닐 때에 그가 갈대 사이의 상자를 보고

시녀를 보내어 가져다가 열고 그 아기를 보니 아기가 우는지라

그가 그를 불쌍히 여겨 이르되 이는 히브리 사람의 아기로다

그의 누이가 바로의 딸에게 이르되

내가 가서 당신을 위하여 히브리 여인 중에서 유모를 불러다가

이 아기에게 젖을 먹이게 하리이까

바로의 딸이 그에게 이르되 가라 하매

그 소녀가 가서 그 아기의 어머니를 불러오니

바로의 딸이 그에게 이르되 이 아기를 데려다가

나를 위하여 젖을 먹이라

내가 그 삯을 주리라 여인이 아기를 데려다가 젖을 먹이더니

그 아기가 자라매 바로의 딸에게로 데려가니

그가 그의 아들이 되니라

그가 그의 이름을 모세라 하여 이르되

이는 내가 그를 물에서 건져내었음이라 하였더라"

52. 멋진 인생

애굽 왕 바로는 이스라엘 사람에게 아들이 태어나면

나일강에 던져 죽이라고 명령했습니다.

바로는 이스라엘 백성들이 번성하는 것을 두려워했기 때문에

잔인한 방법을 통해서라도 막고 싶었습니다.

그러나 바로의 계획은 실패하게 됩니다.

그 이유는 바로의 계획이 하나님의 뜻과 달랐기 때문입니다.

하나님의 계획은 모세를 통해

이스라엘을 애굽에서 탈출시키는 것이었습니다.

이런 위기 상황에서 모세의 부모님은 3개월 동안

모세를 집에 숨겼습니다.

더 이상 모세를 숨길 수 없었고

아기 모세를 갈대 상자에 담아 나일강에 버렸습니다.

그런데 마침 바로의 딸이 나일강에 목욕하러 나왔다가

물 위에 떠 있던 아기 모세가 담긴 갈대 상자를 보게 됩니다.

공주는 모세의 눈을 보고 불쌍한 마음이 들었습니다.

공주는 아버지의 명령을 어기면서까지 모세를 데려와 키웠습니다.

이처럼 하나님께서 계획하신 뜻은 사람이 막을 수 없습니다.

하나님께서 함께하시면 소망이 보이지 않는 절망적인 인생도

하나님의 뜻을 이루는 멋진 인생으로 변화된다는 것을 믿으시기 바랍니다.

♡MEMO♡

_____

_____

"모세가 그의 장인 미디안 제사장 이드로의 양 떼를 치더니
그 떼를 광야 서쪽으로 인도하여 하나님의 산 호렙에 이르매
여호와의 사자가 떨기나무 가운데로부터 나오는 불꽃 안에서
그에게 나타나시니라 그가 보니 떨기나무에 불이 붙었으나
그 떨기나무가 사라지지 아니하는지라
이에 모세가 이르되 내가 돌이켜 가서 이 큰 광경을 보리라
떨기나무가 어찌하여 타지 아니하는고 하니 그때에
여호와께서 그가 보려고 돌이켜 오는 것을 보신지라
하나님이 떨기나무 가운데서 그를 불러 이르시되
모세야 모세야 하시매 그가 이르되 내가 여기 있나이다
하나님이 이르시되 이리로 가까이 오지 말라
네가 선 곳은 거룩한 땅이니 네 발에서 신을 벗으라
또 이르시되 나는 네 조상의 하나님이니 아브라함의 하나님,
이삭의 하나님, 야곱의 하나님이니라
모세가 하나님 뵈옵기를 두려워하여 얼굴을 가리매
여호와께서 이르시되 내가 애굽에 있는
내 백성의 고통을 분명히 보고
그들이 그들의 감독자로 말미암아 부르짖음을 듣고
그 근심을 알고 내가 내려가서 그들을 애굽인의 손에서 건져 내고
그들을 그 땅에서 인도하여 아름답고 광대한 땅,
젖과 꿀이 흐르는 땅 곧 가나안 족속, 헷 족속, 아모리 족속,
브리스 족속, 히위 족속, 여부스 족속의 지방에 데려가려 하노라
이제 가라 이스라엘 자손의 부르짖음이 내게 달하고
애굽 사람이 그들을 괴롭히는 학대도 내가 보았으니
이제 내가 너를 바로에게 보내어 너에게 내 백성 이스라엘 자손을
애굽에서 인도하여 내게 하리라"

53. 모세의 소명

모세는 이집트 궁에서 최고의 교육을 받으며 성장했습니다.

그가 40살이 된 어느 날,

모세는 자기 형제들이 고되게 노동하는 것을 보게 됩니다.

그런데 그때 어떤 애굽 사람이

히브리 사람, 곧 자기 형제를 치는 것을 보고

도와주고 싶은 마음이 들었습니다.

모세는 그 자리에서 애굽 사람을 쳐 죽이고

그 시체를 모래 속에 감추었습니다.

그러나 다음날 히브리 형제들에 의해서

모세가 애굽 사람을 죽인 것이 탄로 나게 됩니다.

이 사실을 알게 된 바로는 모세를 죽이려고 찾았습니다.

두려움을 느낀 모세는 바로를 피해

미디안 땅으로 도망을 가게 됩니다.

그로부터 모세는 양을 치는 목자로 40년을 보내게 됩니다.

하나님께서는 이스라엘 백성들의 고통 소리를 듣고

모세를 찾아가셨습니다.

그리고 이스라엘 백성들을 구원할 계획을 말씀해 주셨습니다.

하나님께서는 하나님의 뜻을 이루시기 위해

한 사람을 찾고 계십니다.

그 주인공이 바로 당신이 되길 소망합니다.

♡MEMO♡

"모세가 대답하여 이르되 그러나 그들이 나를 믿지 아니하며
내 말을 듣지 아니하고 이르기를
여호와께서 네게 나타나지 아니하셨다 하리이다
여호와께서 그에게 이르시되
네 손에 있는 것이 무엇이냐 그가 이르되 지팡이니이다
여호와께서 이르시되 그것을 땅에 던지라 하시매 곧 땅에 던지니
그것이 뱀이 된지라 모세가 뱀 앞에서 피하매
여호와께서 모세에게 이르시되 네 손을 내밀어 그 꼬리를 잡으라
그가 손을 내밀어 그것을 잡으니 그의 손에서 지팡이가 된지라
이는 그들에게 그들의 조상의 하나님 곧 아브라함의 하나님,
이삭의 하나님, 야곱의 하나님 여호와가 네게 나타난 줄을
믿게 하려 함이라 하시고
여호와께서 또 그에게 이르시되 네 손을 품에 넣으라 하시매
그가 손을 품에 넣었다가 내어 보니
그의 손에 나병이 생겨 눈같이 된지라
이르시되 네 손을 다시 품에 넣으라 하시매
그가 다시 손을 품에 넣었다가 내어 보니
그의 손이 본래의 살로 되돌아왔더라
여호와께서 이르시되 만일 그들이 너를 믿지 아니하며
그 처음 표적의 표징을 받지 아니하여도
나중 표적의 표징은 믿으리라
그들이 이 두 이적을 믿지 아니하며 네 말을 듣지 아니하거든
너는 나일강 물을 조금 떠다가 땅에 부으라
네가 떠 온 나일강 물이 땅에서 피가 되리라"

3

54. 모세에게 주신 3가지 징표

모세는 하나님께 소명을 받았지만
쉽게 하나님의 뜻을 받아들이지 못했습니다.
모세의 마음속에는 이스라엘 백성들이
자신의 말을 믿어주지 않을 것이며,
어떤 말을 하더라도 따라주지 않을 것이라는
두려운 마음이 있었습니다.
하나님께서는 이런 모세에게 징표를 주셨습니다.
첫 번째 징표는 모세의 지팡이가 뱀으로 변했다가
다시 지팡이로 변하는 것이었습니다.
두 번째 징표는 모세의 손에 나병이 생겼다가
없어지는 것이었습니다.
세 번째 징표는 나일강 물이 땅에서 피가 되는 것이었습니다.
하나님께서는 모세에게 온 우주를 창조하신
하나님의 능력을 보여 주었습니다.
우리는 하나님의 뜻을 이루며 살겠다고 결단하지만,
막막한 환경과 부정적인 사람을 보면
두려운 마음이 생길 수 있습니다.
하지만 믿음의 눈으로
하나님께서 나를 통해서 하실 일을 깨닫게 된다면
두려움은 사라질 것입니다.
오늘이라도 하나님의 뜻을 이루기 위해 시작하십시오.

♡MEMO♡

_____

_____

"바로가 또 이르되 이제 이 땅의 백성이 많아졌거늘
너희가 그들로 노역을 쉬게 하는도다 하고
바로가 그날에 백성의 감독들과 기록원들에게 명령하여 이르되
너희는 백성에게 다시는 벽돌에 쓸 짚을 전과 같이 주지 말고
그들이 가서 스스로 짚을 줍게 하라
또 그들이 전에 만든 벽돌 수효대로
그들에게 만들게 하고 감하지 말라
그들이 게으르므로 소리 질러 이르기를
우리가 가서 우리 하나님께 제사를 드리자 하나니
그 사람들의 노동을 무겁게 함으로 수고롭게 하여
그들로 거짓말을 듣지 않게 하라
백성의 감독들과 기록원들이 나가서 백성에게 말하여 이르되
바로가 이렇게 말하기를 내가 너희에게 짚을 주지 아니하리니
너희는 짚을 찾을 곳으로 가서 주우라
그러나 너희 일은 조금도 감하지 아니하리라 하셨느니라"

55. 하나님 뜻대로

하나님께서는 애굽에서 이스라엘 백성들을 구출하기 위해
모세와 아론을 바로에게 보냈습니다.
그들은 바로에게 "우리가 광야로 사흘 길쯤 가서
우리 하나님 여호와께
제사를 드리려 하오니 가도록 허락하소서."라고 말했습니다.
그러나 바로는 이들의 이야기를 듣고 무시했습니다.
이스라엘 백성들이 힘든 노동을 감당하고 있었기 때문에
바로는 애굽의 인적 자원을 쉽게 포기할 수 없었습니다.
오히려 바로는 이스라엘 백성들에게 육체적으로 더욱 고통을 주었고
백성들이 모세와 아론 때문에 더 힘들어졌다는 것을
느끼도록 심리적으로 압박을 했습니다.
바로는 자신이 지혜롭다고 생각했을 것입니다.
하지만 어리석은 바로는 이 모든 상황이
하나님 뜻대로 흘러가고 있다는 것을 알지 못했습니다.
하나님께서는 바로의 행동을 모두 예상하시고
모세에게 바로가 어떻게 반응할지 말씀해 주셨습니다.
하나님께서는 온 인류의 역사를 주관하시는 위대하신 분입니다.
우리 인생에 위대하신 하나님께서 역사하고 계심을
믿음으로 고백하며 하나님을 의지합시다.

♡MEMO♡

_____

_____

"여호와께서 모세에게 이르시되

이제 내가 바로에게 하는 일을 네가 보리라

강한 손으로 말미암아 바로가 그들을 보내리라

강한 손으로 말미암아 바로가 그들을 그의 땅에서 쫓아내리라

하나님이 모세에게 말씀하여 이르시되 나는 여호와이니라

내가 아브라함과 이삭과 야곱에게 전능의 하나님으로 나타났으나

나의 이름을 여호와로는 그들에게 알리지 아니하였고

가나안 땅 곧 그들이 거류하는 땅을

그들에게 주기로 그들과 언약하였더니

이제 애굽 사람이 종으로 삼은

이스라엘 자손의 신음 소리를 내가 듣고 나의 언약을 기억하노라

그러므로 이스라엘 자손에게 말하기를 나는 여호와라

내가 애굽 사람의 무거운 짐 밑에서 너희를 빼내며

그들의 노역에서 너희를 건지며 편 팔과

여러 큰 심판들로써 너희를 속량하여

너희를 내 백성으로 삼고 나는 너희의 하나님이 되리니

나는 애굽 사람의 무거운 짐 밑에서 너희를 빼낸

너희의 하나님 여호와인 줄 너희가 알지라"

56. 이제 내가 하는 일을 네가 보리라!

이스라엘 자손의 작업반장들이 모세와 아론에게

"너희가 우리를 바로의 눈과 그의 신하의 눈에 미운 것이 되게 하고

그들의 손에 칼을 주어 우리를 죽이게 하는도다.

여호와는 너희를 살피시고 판단하시기를 원하노라(출5:21)"라고

말하며 그들을 원망했습니다.

백성들의 원망을 들은 모세는 여호와께 돌아와

원망하며 이렇게 부르짖었습니다.

"주여, 어찌하여 이 백성이 학대를 당하게 하셨습니까?

어찌하여 나를 보내셨습니까? 내가 바로에게 가서

주의 이름으로 말한 그때부터 그가 이 백성을 더 학대하는데도

주께서는 주의 백성을 구원할 생각을 전혀 하지 않으십니다."

하나님께서는 자신을 원망하는 모세를 꾸짖지 않으시고

마음이 상한 모세에게 "이제 내가 하는 일을 네가 보리라."

라고 말씀하셨습니다.

이제 이스라엘 백성들은 지금까지 한 번도 보지 못한

하나님의 능력의 손을 경험하게 될 것입니다.

살아계신 하나님께서는 그의 자녀들에게 말씀하십니다.

"이제 내가 하는 일을 네가 보리라!"

♡MEMO♡

_____

_____

"여호와께서 모세에게 이르시되 바로의 마음이 완강하여
백성 보내기를 거절하는도다
아침에 너는 바로에게로 가라 보라 그가 물 있는 곳으로 나오리니
너는 나일강가에 서서 그를 맞으며 그 뱀 되었던 지팡이를 손에 잡고
그에게 이르기를 히브리 사람의 하나님 여호와께서
나를 왕에게 보내어 이르시되 내 백성을 보내라
그러면 그들이 광야에서 나를 섬길 것이니라 하였으나
이제까지 네가 듣지 아니하도다 여호와가 이같이 이르노니
네가 이로 말미암아 나를 여호와인 줄 알리라 볼지어다
내가 내 손의 지팡이로 나일강을 치면 그것이 피로 변하고
나일강의 고기가 죽고 그 물에서는 악취가 나리니 애굽 사람들이
그 강물 마시기를 싫어하리라 하라
여호와께서 또 모세에게 이르시되 아론에게 명령하기를
네 지팡이를 잡고 네 팔을 애굽의 물들과 강들과 운하와 못과
모든 호수 위에 내밀라 하라 그것들이 피가 되리니
애굽 온 땅과 나무 그릇과 돌 그릇 안에 모두 피가 있으리라
모세와 아론이 여호와께서 명령하신 대로 행하여
바로와 그의 신하의 목전에서 지팡이를 들어 나일강을 치니
그 물이 다 피로 변하고 나일강의 고기가 죽고
그 물에서는 악취가 나니 애굽 사람들이 나일강 물을 마시지 못하며
애굽 온 땅에는 피가 있으나 애굽 요술사들도 자기들의 요술로
그와 같이 행하므로 바로의 마음이 완악하여
그들의 말을 듣지 아니하니 여호와의 말씀과 같더라
바로가 돌이켜 궁으로 들어가고
그 일에 관심을 가지지도 아니하였고
애굽 사람들은 나일강 물을 마실 수 없으므로
나일 강가를 두루 파서 마실 물을 구하였더라
여호와께서 나일강을 치신 후 이레가 지나니라"

57. 생명의 근원이신 하나님

· 첫째 재앙: 물이 피로 변함

하나님께서는 애굽에 10가지 재앙을 내리셨습니다.

10가지 재앙은 이집트 사람들이 자신들을 지켜 주며

풍족하게 만들어 준다고 믿었던 신들, 곧 우상들이었습니다.

하나님께서는 이 우상들을 멸하시고

살아계신 하나님의 능력과 위대하심을

많은 사람에게 보여 주실 것입니다.

이집트 사람들에게 나일강은 생명과도 같았습니다.

강에서 물을 공급받았고, 물고기를 잡아서 생활했습니다.

그들은 자신들이 누리고 있는 모든 것이

하나님의 은혜로 된 사실을 부인하고

스스로 신을 만들어 숭배했습니다.

하나님께서는 나일강을 피로 변하게 하셔서

인간이 만든 신이 얼마나 무능하고 헛된 것임을 알게 하시고,

자연을 다스리시고 이 세상의 주인이 누구인지

만민에게 알게 하셨습니다.

오직 하나님만이 살아계신 참된 신이라는 것을

믿음으로 고백하는 시간이 되길 소망합니다.

♡MEMO♡

_____

_____

"여호와께서 모세에게 이르시되

아론에게 명령하기를 네 지팡이를 들어 땅의 티끌을 치라 하라

그것이 애굽 온 땅에서 이가 되리라

그들이 그대로 행할새

아론이 지팡이를 잡고 손을 들어 땅의 티끌을 치매

애굽 온 땅의 티끌이 다 이가 되어 사람과 가축에게 오르니

요술사들도 자기 요술로 그같이 행하여 이를 생기게 하려 하였으나

못 하였고 이가 사람과 가축에게 생긴지라

요술사가 바로에게 말하되 이는 하나님의 권능이니이다 하였으나

바로의 마음이 완악하게 되어 그들의 말을 듣지 아니하였으니

여호와의 말씀과 같더라"

58. 위대하신 하나님의 존재

· 둘째 재앙: 개구리가 올라옴
· 셋째 재앙: 티끌이 이가 됨
· 넷째 재앙: 파리가 가득함

하나님께서는 이집트에 재앙을 내리시며

바로와 온 세상 사람들에게

세상의 헛된 우상들과 다르게

하나님께서는 자신의 능력을 통해

이 세상을 다스리시고 통치하는 분임을 보여 주셨습니다.

"모세가 이르되 왕의 말씀대로 하여 왕에게

우리 하나님 여호와와 같은 이가 없는 줄을 알게 하리니(9)"

"요술사가 바로에게 말하되 이는 하나님의 권능이니이다(19)"

"그날에 나는 내 백성이 거주하는 고센 땅을 구별하여

그곳에는 파리가 없게 하리니

이로 말미암아 이 땅에서 내가 여호와인 줄을

네가 알게 될 것이라(22)"

하나님께서는 온 세상 사람들이 위대하신 하나님의 존재와

능력을 깨닫고 예배하길 원하십니다.

우리 모두 살아계신 하나님의 존재와 능력을 인정하며

위대하신 하나님을 예배합시다.

♡MEMO♡

_____

_____

"여호와께서 모세에게 이르시되

아침에 일찍이 일어나 바로 앞에 서서 그에게 이르기를

히브리 사람의 하나님 여호와의 말씀에

내 백성을 보내라 그들이 나를 섬길 것이니라

내가 이번에는 모든 재앙을 너와 네 신하와 네 백성에게 내려

온 천하에 나와 같은 자가 없음을 네가 알게 하리라

내가 손을 펴서 돌림병으로 너와 네 백성을 쳤더라면

네가 세상에서 끊어졌을 것이나

내가 너를 세웠음은 나의 능력을 네게 보이고

내 이름이 온 천하에 전파되게 하려 하였음이니라

네가 여전히 내 백성 앞에 교만하여 그들을 보내지 아니하느냐

내일 이맘때면 내가 무거운 우박을 내리리니

애굽 나라가 세워진 그날로부터 지금까지 그와 같은 일이 없었더라

이제 사람을 보내어 네 가축과 네 들에 있는 것을 다 모으라

사람이나 짐승이나 무릇 들에 있어서 집에 돌아오지 않는 것들에게는

우박이 그 위에 내리리니 그것들이 죽으리라 하셨다 하라 하시니라

바로의 신하 중에 여호와의 말씀을 두려워하는 자들은

그 종들과 가축을 집으로 피하여 들였으나

여호와의 말씀을 마음에 두지 아니하는 사람은

그의 종들과 가축을 들에 그대로 두었더라"

59. 교만의 결과

- 다섯째 재앙: 가축의 죽음
- 여섯째 재앙: 악성 종기가 생김
- 일곱째 재앙: 우박이 내림

하나님의 말씀과 뜻을 거절한 바로는

계속해서 고통을 받게 됩니다.

예전에 모세가 바로를 찾아와 백성들의 자유를 요구할 때

바로는 전략적으로 모세의 뜻을 꺾기 위해

이스라엘 백성들을 학대하며 고통을 주어

백성들 스스로가 모세를 원망하도록 했습니다.

하지만 이번에는 반대로

바로의 고집과 불순종 때문에

이집트 백성들이 재앙과 고통을 받고 있습니다.

하나님께서 계획하신 일은 누구도 막을 수 없습니다.

왕이신 하나님의 뜻이 이루어지도록 순종한다면

우리는 하나님 나라의 백성으로서

하나님의 보호 아래 살게 될 것입니다.

♡MEMO♡

_____

_____

"여호와께서 모세에게 이르시되 바로에게로 들어가라
내가 그의 마음과 그의 신하들의 마음을 완강하게 함은
나의 표징을 그들 중에 보이기 위함이며
네게 내가 애굽에서 행한 일들 곧
내가 그들 가운데에서 행한 표징을 네 아들과 네 자손의 귀에
전하기 위함이라 너희는 내가 여호와인 줄을 알리라
모세와 아론이 바로에게 들어가서 그에게 이르되
히브리 사람의 하나님 여호와께서 말씀하시기를
네가 어느 때까지 내 앞에 겸비하지 아니하겠느냐
내 백성을 보내라 그들이 나를 섬길 것이라
네가 만일 내 백성 보내기를 거절하면
내일 내가 메뚜기를 네 경내에 들어가게 하리니
메뚜기가 지면을 덮어서 사람이 땅을 볼 수 없을 것이라
메뚜기가 네게 남은 그것 곧 우박을 면하고 남은 것을 먹으며
너희를 위하여 들에서 자라나는 모든 나무를 먹을 것이며
또 네 집들과 네 모든 신하의 집들과 모든 애굽 사람의 집들에
가득하리니 이는 네 아버지와 네 조상이 이 땅에 있었던
그날로부터 오늘까지 보지 못하였던 것이리라 하셨다 하고
돌이켜 바로에게서 나오니 바로의 신하들이 그에게 말하되
어느 때까지 이 사람이 우리의 함정이 되리이까
그 사람들을 보내어 그들의 하나님 여호와를 섬기게 하소서
왕은 아직도 애굽이 망한 줄을 알지 못하시나이까 하고
모세와 아론을 바로에게로 다시 데려오니 바로가 그들에게 이르되
가서 너희의 하나님 여호와를 섬기라 갈 자는 누구누구냐"

60. 표징을 보여주신 이유

· 여덟째 재앙: 메뚜기가 땅을 덮음
· 아홉째 재앙: 흑암이 3일 동안 있음

하나님께서 많은 표징을 보여주신 이유는

애굽에서 행한 일들을

이스라엘 자손들에게 가르치고 전해서

그의 백성들이 여호와를 알도록 하기 위해서였습니다.

애굽의 신하들은 하나님을 대적한 자신들이

망해 가고 있다는 것을 알았습니다.

그러나 마음이 완악한 바로는 눈으로 보고도,

귀로 듣고도 깨닫지 못합니다.

"바로의 신하들이 그에게 말하되

어느 때까지 이 사람이 우리의 함정이 되리이까

그 사람들을 보내어 그들의 하나님 여호와를

섬기게 하소서 왕은 아직도 애굽이 망한 줄을

알지 못하시나이까 하고(7)"

우리는 성경과 믿음을 통해

하나님께서 하시는 일을 분별할 수 있어야 합니다.

분별력이 없다면 망하는 길에 서 있어도 깨닫지 못할 수 있습니다.

♡MEMO♡

"모세가 바로에게 이르되 여호와께서 이와 같이 말씀하시기를
밤중에 내가 애굽 가운데로 들어가리니
애굽 땅에 있는 모든 처음 난 것은 왕위에 앉아 있는
바로의 장자로부터 맷돌 뒤에 있는 몸종의 장자와
모든 가축의 처음 난 것까지 죽으리니
애굽 온 땅에 전무후무한 큰 부르짖음이 있으리라
그러나 이스라엘 자손에게는 사람에게나 짐승에게나 개 한 마리도
그 혀를 움직이지 아니하리니
여호와께서 애굽 사람과 이스라엘 사이를 구별하는 줄을
너희가 알리라 하셨나니
왕의 이 모든 신하가 내게 내려와 내게 절하며 이르기를
너와 너를 따르는 온 백성은 나가라 한 후에야
내가 나가리라 하고 심히 노하여 바로에게서 나오니라"

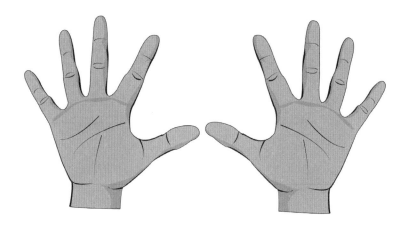

61. 아버지의 사랑

· 열 번째 재앙: 장자의 죽음

하나님께서는 자신을 대적하는 바로에게
이제 마지막 재앙을 내리십니다.
"애굽 땅에 있는 모든 처음 난 것은 왕위에 앉아 있는
바로의 장자로부터 맷돌 뒤에 있는 몸종의 장자와
모든 가축의 처음 난 것까지 죽으리니
애굽 온 땅에 전무후무한 큰 부르짖음이 있으리라(5~6)"
하나님께서는 이스라엘 백성들을 구별하여 보호해 주셨습니다.
"그러나 이스라엘 자손에게는 사람에게나 짐승에게나
개 한 마리도 그 혀를 움직이지 아니하리니
여호와께서 애굽 사람과 이스라엘 사이를
구별하는 줄을 너희가 알리라 하셨나니(7)"
하나님께서 왜 이집트에 이런 재앙을 내리시면서까지
이스라엘 백성들을 구원하시려고 하셨을까요?
그 이유는 바로 하나님의 아들이기 때문입니다.
"너는 바로에게 이르기를 여호와의 말씀에
이스라엘은 내 아들 내 장자라
내가 네게 이르기를 내 아들을 보내 주어
나를 섬기게 하라(출4:22~23)"
아들 장자를 구원하기 위한
하나님 아버지의 사랑을 느끼는 시간이 되길 소망합니다.

♡MEMO♡

여호와께서 애굽 땅에서 모세와 아론에게 일러 말씀하시되

이달을 너희에게 달의 시작 곧 해의 첫 달이 되게 하고

너희는 이스라엘 온 회중에게 말하여 이르라

이달 열흘에 너희 각자가 어린 양을 잡을지니

각 가족대로 그 식구를 위하여 어린 양을 취하되

그 어린 양에 대하여 식구가 너무 적으면 그 집의 이웃과 함께

사람 수를 따라서 하나를 잡고 각 사람이 먹을 수 있는

분량에 따라서 너희 어린 양을 계산할 것이며

너희 어린 양은 흠 없고 일 년 된 수컷으로 하되

양이나 염소 중에서 취하고 이달 열나흘날까지 간직하였다가

해 질 때에 이스라엘 회중이 그 양을 잡고

그 피를 양을 먹을 집 좌우 문설주와 인방에 바르고

그 밤에 그 고기를 불에 구워 무교병과 쓴 나물과 아울러 먹되

날것으로나 물에 삶아서 먹지 말고

머리와 다리와 내장을 다 불에 구워 먹고

아침까지 남겨두지 말며 아침까지 남은 것은 곧 불사르라

너희는 그것을 이렇게 먹을지니 허리에 띠를 띠고

발에 신을 신고 손에 지팡이를 잡고 급히 먹으라

이것이 여호와의 유월절이니라

내가 그 밤에 애굽 땅에 두루 다니며 사람이나 짐승을 막론하고

애굽 땅에 있는 모든 처음 난 것을 다 치고

애굽의 모든 신을 내가 심판하리라 나는 여호와라

내가 애굽 땅을 칠 때에 그 피가 너희가 사는 집에 있어서

너희를 위하여 표적이 될지라 내가 피를 볼 때에

너희를 넘어가리니 재앙이 너희에게 내려 멸하지 아니하리라

너희는 이날을 기념하여 여호와의 절기를 삼아

영원한 규례로 대대로 지킬지니라

62. 유월절 어린양: 예수 그리스도의 예표

하나님께서는 백성들에게 유월절 규례에 대해 알려 주셨습니다.

아빕월 10일에

일 년 된 수컷으로 흠 없는 숫양이나 숫염소 중에서 취하고,

4일 동안 집안에 간직하였다가

14일 해 질 때 회중이 그 양을 잡고,

그 피를 양을 먹을 집 좌우 문설주와 인방에 바르고,

그 밤에 그 고기를 불에 구워 무교병과 쓴 나물과 아울러 먹고

날것으로나 물에 삶아서 먹지 말고,

머리와 다리와 내장을 다 불에 구워 먹고

아침까지 남겨두지 말며 아침까지 남은 것은 불사르라고 하셨습니다.

하나님께서는 이스라엘 백성들을 구원하기 위해

어린양의 피를 표적으로 삼으셨습니다.

하나님께서 애굽을 칠 때

그 피를 보고 재앙을 내려 멸하지 않겠다고 하셨습니다.

이스라엘 백성들은 구원받은 이날을 여호와의 절기로 삼아

영원한 규례로 지켜야 합니다.

유월절 어린양은 앞으로 우리를 위해 십자가 위에서

피를 흘리며 죽게 될 예수 그리스도를 예표하는 것이기 때문입니다.

우리는 나를 살리시기 위해 대신 죽으신

예수님의 희생을 잊지 말아야 합니다.

♡MEMO♡

_____

_____

"여호와께서 모세에게 일러 이르시되

이스라엘 자손 중에서 사람이나 짐승을 막론하고

태에서 처음 난 모든 것은 다 거룩히 구별하여

내게 돌리라 이는 내 것이니라 하시니라

모세가 백성에게 이르되

너희는 애굽 곧 종 되었던 집에서 나온 그날을 기념하여

유교병을 먹지 말라 여호와께서 그 손의 권능으로

너희를 그곳에서 인도해 내셨음이니라

아빕월 이날에 너희가 나왔으니

여호와께서 너를 인도하여 가나안 사람과 헷 사람과

아모리 사람과 히위 사람과 여부스 사람의 땅 곧 네게 주시려고

네 조상들에게 맹세하신바 젖과 꿀이 흐르는 땅에 이르게 하시거든

너는 이달에 이 예식을 지켜

이레 동안 무교병을 먹고 일곱째 날에는 여호와께 절기를 지키라

이레 동안에는 무교병을 먹고 유교병을 네게 보이지 아니하게 하며

네 땅에서 누룩을 네게 보이지 아니하게 하라

너는 그날에 네 아들에게 보여 이르기를

이 예식은 내가 애굽에서 나올 때에

여호와께서 나를 위하여 행하신 일로 말미암음이라 하고

이것으로 네 손의 기호와 네 미간의 표를 삼고

여호와의 율법이 네 입에 있게 하라

이는 여호와께서 강하신 손으로 너를 애굽에서 인도하여 내셨음이니

해마다 절기가 되면 이 규례를 지킬지니라"

63. 하나님의 손

하나님께서는 이스라엘 백성들을

애굽 곧 종 되었던 집에서 권능의 손으로 인도해 내셨습니다.

세상의 한계를 뛰어넘어 불가능을 가능하게 하셨습니다.

하나님께서 자기 백성들에게 행하신 능력과 크신 사랑이

얼마나 위대하신지

우리는 해마다 기억하며 기념해야 합니다.

하나님께서 행하신 놀라운 능력과 구원의 역사는

나를 위하여 행하신 일이기 때문입니다.

지금도 하나님의 손은 우리를 지키시고 보호하시고 인도하십니다.

이 사실을 믿는다면

막막하고 미래가 없는 캄캄한 우리의 삶에

소망의 빛을 찾게 될 것입니다.

♡MEMO♡

_____

_____

"그 백성이 도망한 사실이 애굽 왕에게 알려지매
바로와 그의 신하들이 그 백성에 대하여 마음이 변하여 이르되
우리가 어찌 이같이 하여 이스라엘을 우리를 섬김에서
놓아 보내었는가 하고 바로가 곧 그의 병거를 갖추고
그의 백성을 데리고 갈새 선발된 병거 육백 대와
애굽의 모든 병거를 동원하니 지휘관들이 다 거느렸더라
여호와께서 애굽 왕 바로의 마음을 완악하게 하셨으므로
그가 이스라엘 자손의 뒤를 따르니
이스라엘 자손이 담대히 나갔음이라
애굽 사람들과 바로의 말들, 병거들과 그 마병과 그 군대가
그들의 뒤를 따라 바알스본 맞은편 비하히롯 곁 해변
그들이 장막 친 데에 미치니라
바로가 가까이 올 때에 이스라엘 자손이 눈을 들어 본즉
애굽 사람들이 자기들 뒤에 이른지라 이스라엘 자손이
심히 두려워하여 여호와께 부르짖고 그들이 또 모세에게 이르되
애굽에 매장지가 없어서 당신이 우리를 이끌어 내어
이 광야에서 죽게 하느냐 어찌하여 당신이 우리를
애굽에서 이끌어 내어 우리에게 이같이 하느냐
우리가 애굽에서 당신에게 이른 말이 이것이 아니냐 이르기를
우리를 내버려 두라 우리가 애굽 사람을
섬길 것이라 하지 아니하더냐
애굽 사람을 섬기는 것이 광야에서 죽는 것보다 낫겠노라
모세가 백성에게 이르되 너희는 두려워하지 말고 가만히 서서
여호와께서 오늘 너희를 위하여 행하시는 구원을 보라
너희가 오늘 본 애굽 사람을 영원히 다시 보지 아니하리라
여호와께서 너희를 위하여 싸우시리니 너희는 가만히 있을지니라"

64. 여호와께서 행하시는 구원을 보라!

바로는 이스라엘 백성을 보내고 마음이 변했습니다.

그는 애굽의 모든 병거를 동원하여 이스라엘 백성을 추격했습니다.

이스라엘 백성들은 큰 위기 상황에 놓이게 됩니다.

앞에는 바다가 길을 막고 있었고,

뒤에는 애굽 군대가 쫓아오고 있었기 때문입니다.

다급한 그들은 두려운 마음으로

여호와께 부르짖으며 모세를 원망했습니다.

모세는 믿음으로 백성들에게 선포했습니다.

애굽 군대는 앞에 있는 이스라엘 백성들을

쉽게 공격할 수 없었습니다.

그 이유는 불기둥과 구름 기둥이 길을 막고 있었기 때문입니다.

그리고 모세가 바다 위로 손을 내밀 때

여호와께서 큰 동풍이 밤새도록 바닷물을 물러가게 하시고

물이 갈라져 바다가 마른 땅이 되게 하셨습니다.

이스라엘 백성들은 홍해를 육지같이 건너

위기 상황을 피할 수 있었습니다.

하지만 뒤를 따라오던 애굽 군대는

바다의 힘이 회복되어 모든 군대가 바다에서 죽게 됩니다.

우리 인생이 절박한 상황에 있다면 두려워하지 말고

하나님께서 우리를 위해 행하시는 구원을 보시기 바랍니다.

♡MEMO♡

"이때에 모세와 이스라엘 자손이

이 노래로 여호와께 노래하니 일렀으되

내가 여호와를 찬송하리니 그는 높고 영화로우심이요

말과 그 탄 자를 바다에 던지셨음이로다

여호와는 나의 힘이요 노래시며 나의 구원이시로다

그는 나의 하나님이시니 내가 그를 찬송할 것이요

내 아버지의 하나님이시니 내가 그를 높이리로다

여호와는 용사시니 여호와는 그의 이름이시로다

그가 바로의 병거와 그의 군대를 바다에 던지시니

최고의 지휘관들이 홍해에 잠겼고

깊은 물이 그들을 덮으니 그들이 돌처럼 깊음 속에 가라앉았도다

여호와여 주의 오른손이 권능으로 영광을 나타내시니이다

여호와여 주의 오른손이 원수를 부수시니이다

주께서 주의 큰 위엄으로 주를 거스르는 자를 엎으시니이다

주께서 진노를 발하시니 그 진노가 그들을 지푸라기같이 사르니이다

주의 콧김에 물이 쌓이되 파도가 언덕같이 일어서고

큰물이 바다 가운데 엉기니이다

원수가 말하기를 내가 뒤쫓아 따라잡아 탈취물을 나누리라,

내가 그들로 말미암아 내 욕망을 채우리라,

내가 내 칼을 빼리니 내 손이 그들을 멸하리라 하였으나

주께서 바람을 일으키시매 바다가 그들을 덮으니

그들이 거센 물에 납같이 잠겼나이다

여호와여 신 중에 주와 같은 자가 누구니이까

주와 같이 거룩함으로 영광스러우며 찬송할 만한 위엄이 있으며

기이한 일을 행하는 자가 누구니이까

주께서 오른손을 드신즉 땅이 그들을 삼켰나이다"

65. 여호와는 나의 힘이요! 나의 구원이시로다!

이스라엘 백성들과 애굽 군대는 같은 길을 지나갔습니다.

하나님의 백성인 이스라엘 민족은

하나님의 능력과 보호를 받으며

바다를 육지처럼 걸어서 지나갔습니다.

하지만 하나님의 뜻을 반대하고 대적했던 애굽 군대는

같은 길에서 죽임을 당하게 됩니다.

"바로의 말과 병거와 마병이 함께 바다에 들어가매

여호와께서 바닷물을 그들 위에 되돌려 흐르게 하셨으나

이스라엘 자손은 바다 가운데서 마른 땅으로 지나간지라(19)"

우리는 절망과 좌절에 빠져있는 위기 상황에서

바다에 길을 만드셔서

자기 백성을 구원하신

하나님의 힘과 능력을 보게 됩니다.

우리 삶이 위대하신 하나님을 찬양하는 시간으로

가득 채워지길 소망합니다.

♡MEMO♡

_____

_____

"이스라엘 자손의 온 회중이 엘림에서 떠나
엘림과 시내산 사이에 있는 신 광야에 이르니
애굽에서 나온 후 둘째 달 십오일이라
이스라엘 자손 온 회중이 그 광야에서 모세와 아론을 원망하여
이스라엘 자손이 그들에게 이르되
우리가 애굽 땅에서 고기 가마 곁에 앉아 있던 때와
떡을 배불리 먹던 때에 여호와의 손에 죽었더라면 좋았을 것을
너희가 이 광야로 우리를 인도해 내어
이 온 회중이 주려 죽게 하는도다"

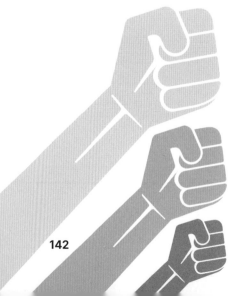

66. 원망하는 마음

이스라엘 백성들은 애굽에서 나온 지 한 달이 지났습니다.

그런 그들에게 문제가 생겼습니다.

광야에서 먹는 음식이 부족했으며,

그 음식은 백성들의 마음에 들지 않았습니다.

애굽에서 고기와 떡을 배불리 먹던 과거와 비교하며

이스라엘 온 회중은 모세와 아론을 원망했습니다.

지금까지 하나님께 받은 구원의 은혜와 기적들을 기억하지 못하고

'차라리 여호와의 손에 죽었으면 좋았을 텐데…'라며

하나님의 마음을 아프게 했습니다.

그들은 자신들이 당한 어려움이 모세와 아론 때문이라며

하나님 탓을 했습니다.

이들의 모습에서 하나님을 신뢰하지 못하고

자신의 유익만 생각하는 이기적인 인간의 악한 본성을 보게 됩니다.

하지만 하나님께서는 이런 이스라엘 백성들에게

벌을 내리지 않으시고 하늘에서 양식을 비같이 내려

그들의 필요를 채워 주셨습니다.

우리의 불평과 원망에도 심판하지 않으시고

은혜와 사랑으로 우리의 필요를 채워 주시는 하나님께 감사합시다.

♡MEMO♡

_____

_____

"이스라엘 자손의 온 회중이 여호와의 명령대로 신 광야에서 떠나

그 노정대로 행하여 르비딤에 장막을 쳤으나

백성이 마실 물이 없는지라

백성이 모세와 다투어 이르되 우리에게 물을 주어 마시게 하라

모세가 그들에게 이르되 너희가 어찌하여 나와 다투느냐

너희가 어찌하여 여호와를 시험하느냐

거기서 백성이 목이 말라 물을 찾으매 그들이 모세에게 대하여

원망하여 이르되 당신이 어찌하여 우리를 애굽에서 인도해 내어서

우리와 우리 자녀와 우리 가축이 목말라 죽게 하느냐

모세가 여호와께 부르짖어 이르되

내가 이 백성에게 어떻게 하리이까

그들이 조금 있으면 내게 돌을 던지겠나이다

여호와께서 모세에게 이르시되 백성 앞을 지나서

이스라엘 장로들을 데리고 나일강을 치던 네 지팡이를 손에 잡고 가라

내가 호렙산에 있는 그 반석 위 거기서 네 앞에 서리니

너는 그 반석을 치라 그것에서 물이 나오리니 백성이 마시리라

모세가 이스라엘 장로들의 목전에서 그대로 행하니라

그가 그곳 이름을 맛사 또는 므리바라 불렀으니

이는 이스라엘 자손이 다투었음이요 또는 그들이

여호와를 시험하여 이르기를 여호와께서 우리 중에 계신가

안 계신가 하였음이더라"

67. 반석에서 물이 나오다!

하나님께서는 이스라엘 백성들에게

만나와 메추라기를 보내주셔서

일용할 양식을 채워 주셨습니다.

그런데 백성들 앞에 또 다른 문제가 생겼습니다.

이번에는 마실 물이 없었습니다.

백성들은 지금까지 보여 준 하나님의 능력을 신뢰하지 못하고

앞에 있는 문제 때문에 또다시 하나님을 원망합니다.

하나님께서는 모세가 애굽에서 사용했던 지팡이를 사용해

물을 제공해 주셨습니다.

지팡이를 사용한 이유는

애굽에서 많은 이적을 행하시고

자기 백성들을 이끌어 내신 능력의 하나님이

지금도 변함없이 그들과 함께한다는 사실을

깨닫길 원하셨기 때문입니다.

그들의 현실적인 문제는 해결이 되었지만

원망하는 그들의 모습은

하나님께서 원하셨던 모습이 아니었습니다.

우리의 기도가 단순히 문제 해결을 위한 기도인지

아니면 하나님의 뜻을 구하는 기도인지

생각해 보는 시간이 되었으면 좋겠습니다.

♡MEMO♡

_____

_____

"모세의 장인이 모세가 백성에게 행하는 모든 일을 보고 이르되
네가 이 백성에게 행하는 이 일이 어찌 됨이냐
어찌하여 네가 홀로 앉아 있고
백성은 아침부터 저녁까지 네 곁에 서 있느냐
모세가 그의 장인에게 대답하되
백성이 하나님께 물으려고 내게로 옴이라
그들이 일이 있으면 내게로 오나니
내가 그 양쪽을 재판하여 하나님의 율례와 법도를 알게 하나이다
모세의 장인이 그에게 이르되 네가 하는 것이 옳지 못하도다
너와 또 너와 함께한 이 백성이 필경 기력이 쇠하리니
이 일이 네게 너무 중함이라 네가 혼자 할 수 없으리라
이제 내 말을 들으라 내가 네게 방침을 가르치리니
하나님이 너와 함께 계실지로다 너는 하나님 앞에서
그 백성을 위하여 그 사건들을 하나님께 가져오며
그들에게 율례와 법도를 가르쳐서 마땅히 갈 길과 할 일을
그들에게 보이고 너는 또 온 백성 가운데서
능력 있는 사람들 곧 하나님을 두려워하며 진실하며
불의한 이익을 미워하는 자를 살펴서 백성 위에 세워
천부장과 백부장과 오십부장과 십부장을 삼아
그들이 때를 따라 백성을 재판하게 하라
큰일은 모두 네게 가져갈 것이요

작은 일은 모두 그들이 스스로 재판할 것이니

그리하면 그들이 너와 함께 담당할 것인즉 일이 네게 쉬우리라

네가 만일 이 일을 하고 하나님께서도 네게 허락하시면

네가 이 일을 감당하고 이 모든 백성도 자기 곳으로 평안히 가리라

이에 모세가 자기 장인의 말을 듣고 그 모든 말대로 하여

모세가 이스라엘 무리 중에서 능력 있는 사람들을 택하여

그들을 백성의 우두머리 곧 천부장과 백부장과

오십부장과 십부장을 삼으매

그들이 때를 따라 백성을 재판하되

어려운 일은 모세에게 가져오고

모든 작은 일은 스스로 재판하더라"

68. 이드로의 충고

모세의 장인이며 미디안 제사장인 이드로는

하나님께서 모세와 이스라엘 백성을

놀라운 능력과 기적들을 통해

이집트에서 인도해 내셨다는 이야기를 듣게 됩니다.

그는 바로 모세가 돌려보낸 그의 아내 십보라와

그의 두 아들을 데리고 모세가 있는 곳으로 향했습니다.

모세에게 도착한 이드로는

모세가 혼자 앉아 아침부터 저녁까지

백성들을 재판하고 있는 모습을 보게 됩니다.

이드로는 모세에게 지금 이렇게 일하는 것은

모세와 백성들 모두가 쉽게 지치기 때문에

옳지 않다고 충고해 주었습니다.

백성들 가운데 사람을 세워 작은 일은 그들이 백성을 재판하게 하고

어려운 문제만 모세가 재판하게 되면

지금보다 일이 쉬워질 것이라고 말했습니다.

모세는 200만 명이 넘는 민족의 최고 지도자였지만

자기 고집대로 하지 않고, 겸손하게 이드로의 충고를 받아들입니다.

우리는 하나님께서 어떤 사람을 통해

일하실지 모르기 때문에

어린아이의 충고라도 겸손한 마음으로

받아들일 수 있어야 합니다.

그렇게 된다면

우리의 인생은 지금보다 좀 더 여유로운 삶이 될 것입니다!

"이스라엘 자손이 애굽 땅을 떠난 지 삼 개월이 되던 날

그들이 시내 광야에 이르니라

그들이 르비딤을 떠나 시내 광야에 이르러 그 광야에 장막을 치되

이스라엘이 거기 산 앞에 장막을 치니라

모세가 하나님 앞에 올라가니 여호와께서

산에서 그를 불러 말씀하시되

너는 이같이 야곱의 집에 말하고 이스라엘 자손들에게 말하라

내가 애굽 사람에게 어떻게 행하였음과 내가 어떻게 독수리 날개로

너희를 업어 내게로 인도하였음을 너희가 보았느니라

세계가 다 내게 속하였나니

너희가 내 말을 잘 듣고 내 언약을 지키면

너희는 모든 민족 중에서 내 소유가 되겠고

너희가 내게 대하여 제사장 나라가 되며 거룩한 백성이 되리라

너는 이 말을 이스라엘 자손에게 전할지니라"

69. 제사장 나라! 거룩한 백성!

하나님께서는 자신의 능력과 힘으로

이스라엘 백성들을 보호하시고

독수리가 자기 새끼를 보호하듯이 하나님 품으로 인도해 주셨습니다.

하나님께서는 자신이 선택한 백성들이

언약을 통해 이방 민족들과 구별되길 원하셨습니다.

드디어 이스라엘 백성들은 언약을 통해

하나님과 특별한 관계를 맺게 되었습니다.

그들은 하나님의 말씀에 순종하는 하나님의 소유가 되고

하나님께서는 그들을 보호하시고 복을 주시는 분이 되셨습니다.

"세계가 다 내게 속하였나니

너희가 내 말을 잘 듣고 내 언약을 지키면

너희는 모든 민족 중에서 내 소유가 되겠고

너희가 내게 대하여 제사장 나라가 되며

거룩한 백성이 되리라(5~6)"

이스라엘 백성은 하나님만을 섬기는 제사장 나라

거룩한 백성이 되었습니다.

이제 그들은 열방을 하나님께로 인도하는 역할을 해야 하며

이방 사람들과 다르게 구별된 삶을 살아야 합니다.

시내산 언약은 이스라엘 백성들에게 책임과 의무를 요구합니다.

하나님의 자녀인 우리의 책임과 의무는 무엇일까요?

♡MEMO♡

_____

_____

"하나님이 이 모든 말씀으로 말씀하여 이르시되 나는 너를 애굽 땅,

종 되었던 집에서 인도하여 낸 네 하나님 여호와니라

너는 나 외에는 다른 신들을 네게 두지 말라

너를 위하여 새긴 우상을 만들지 말고 또 위로 하늘에 있는 것이나

아래로 땅에 있는 것이나 땅 아래 물속에 있는 것의 어떤 형상도

만들지 말며 그것들에게 절하지 말며 그것들을 섬기지 말라

나 네 하나님 여호와는 질투하는 하나님인즉

나를 미워하는 자의 죄를 갚되 아버지로부터 아들에게로

삼사 대까지 이르게 하거니와 나를 사랑하고

내 계명을 지키는 자에게는 천 대까지 은혜를 베푸느니라

너는 네 하나님 여호와의 이름을 망령되게 부르지 말라

여호와는 그의 이름을 망령되게 부르는 자를

죄 없다 하지 아니하리라

안식일을 기억하여 거룩하게 지키라

엿새 동안은 힘써 네 모든 일을 행할 것이나

일곱째 날은 네 하나님 여호와의 안식일인즉

너나 네 아들이나 네 딸이나 네 남종이나 네 여종이나

네 가축이나 네 문 안에 머무는 객이라도 아무 일도 하지 말라

이는 엿새 동안에 나 여호와가 하늘과 땅과 바다와 그 가운데

모든 것을 만들고 일곱째 날에 쉬었음이라

그러므로 나 여호와가 안식일을 복되게 하여

그날을 거룩하게 하였느니라

네 부모를 공경하라 그리하면 네 하나님 여호와가

네게 준 땅에서 네 생명이 길리라

살인하지 말라 간음하지 말라 도둑질하지 말라

네 이웃에 대하여 거짓 증거하지 말라

네 이웃의 집을 탐내지 말라

네 이웃의 아내나 그의 남종이나 그의 여종이나 그의 소나

그의 나귀나 무릇 네 이웃의 소유를 탐내지 말라"

70. 십계명

하나님과 우리는 무슨 관계일까요?

하나님께서는 우리의 주인이라고 말씀하십니다.

"나는 너를 애굽 땅, 종 되었던 집에서 인도하여 낸

네 하나님 여호와니라(2)"

백성들에게 10개의 언약을 돌 판에 새겨 주셨습니다.

십계명은 하나님과 이스라엘 백성들이

언약으로 맺어진 관계라는 것을 말해 줍니다.

이 언약을 통해 백성들은

하나님과 법적인 관계를 유지할 수 있게 되었습니다.

우리는 율법을 통해 하나님의 사랑과 뜻을 알게 될 것입니다.

또한 우리가 하나님을 경외함으로 언약을 잘 지켜 순종한다면

하나님의 크신 은혜와 축복을 누리며 살게 될 것입니다.

세상 그 누구도 우리를 해할 수 없을 것입니다.

말씀을 통해 하나님과 맺은 언약을

실천하고 있는지 살펴보는 시간이 되었으면 좋겠습니다.

♡MEMO♡

"네가 백성 앞에 세울 법규는 이러하니라

네가 히브리 종을 사면 그는 여섯 해 동안 섬길 것이요

일곱째 해에는 몸값을 물지 않고 나가 자유인이 될 것이며

만일 그가 단신으로 왔으면 단신으로 나갈 것이요

장가들었으면 그의 아내도 그와 함께 나가려니와

만일 상전이 그에게 아내를 주어 그의 아내가

아들이나 딸을 낳았으면 그의 아내와 그의 자식들은

상전에게 속할 것이요 그는 단신으로 나갈 것이로되

만일 종이 분명히 말하기를 내가 상전과 내 처자를 사랑하니

나가서 자유인이 되지 않겠노라 하면

상전이 그를 데리고 재판장에게로 갈 것이요

또 그를 문이나 문설주 앞으로 데리고 가서 그것에다가 송곳으로

그의 귀를 뚫을 것이라 그는 종신토록 그 상전을 섬기리라

사람이 자기의 딸을 여종으로 팔았으면

그는 남종같이 나오지 못할지며

만일 상전이 그를 기뻐하지 아니하여 상관하지 아니하면

그를 속량하게 할 것이나 상전이 그 여자를 속인 것이 되었으니

외국인에게는 팔지 못할 것이요

만일 그를 자기 아들에게 주기로 하였으면

그를 딸같이 대우할 것이요

만일 상전이 다른 여자에게 장가들지라도

그 여자의 음식과 의복과 동침하는 것은 끊지 말 것이요

그가 이 세 가지를 시행하지 아니하면,

여자는 속전을 내지 않고 거저 나가게 할 것이니라"

SOLOMON

71. 하나님 나라의 백성들이 지켜야 할 법규 ①

나라가 세워지기 위해서는

법규가 필요합니다.

하나님께서는 하나님 나라의 백성들이

하나님께서 정하신 법규를 지키길 원하셨습니다.

하나님 나라는 무질서한 나라가 아니기 때문입니다.

주의 나라는 그 어떤 나라보다

서로 사랑으로 배려하고 섬기며

하나님의 뜻을 이루며 사는 나라입니다.

그래서 우리가 지켜야 할 법규를 구체적으로 말씀해 주셨습니다.

1) 종에 관한 법(2~11)

2) 사형에 관한 법(12~17)

3) 신체 피해에 관한 법(18~27)

4) 짐승에 관한 법(28~36)

우리는 이 땅에서 하나님 나라의 백성으로 살고 있습니다.

우리의 삶에 하나님의 사랑과 섬김과 배려를 실천하고 있는지,

또한 하늘의 뜻을 이 땅에 이루어지길 소망하고 있는지,

나의 신앙을 돌아보는 시간이 되었으면 좋겠습니다.

♡MEMO♡

_____

_____

"사람이 소나 양을 도둑질하여 잡거나 팔면 그는 소 한 마리에
소 다섯 마리로 갚고 양 한 마리에 양 네 마리로 갚을지니라
도둑이 뚫고 들어오는 것을 보고 그를 쳐 죽이면
피 흘린 죄가 없으나 해 돋은 후에는 피 흘린 죄가 있으리라
도둑은 반드시 배상할 것이나 배상할 것이 없으면
그 몸을 팔아 그 도둑질한 것을 배상할 것이요
도둑질한 것이 살아 그의 손에 있으면

소나 나귀나 양을 막론하고 갑절을 배상할지니라
사람이 밭에서나 포도원에서 짐승을 먹이다가
자기의 짐승을 놓아 남의 밭에서 먹게 하면
자기 밭의 가장 좋은 것과

자기 포도원의 가장 좋은 것으로 배상할지니라
불이 나서 가시나무에 댕겨 낟가리나 거두지 못한 곡식이나
밭을 태우면 불 놓은 자가 반드시 배상할지니라
사람이 돈이나 물품을 이웃에게 맡겨 지키게 하였다가
그 이웃집에서 도둑을 맞았는데 그 도둑이 잡히면
갑절을 배상할 것이요

도둑이 잡히지 아니하면 그 집 주인이 재판장 앞에 가서
자기가 그 이웃의 물품에 손댄 여부의 조사를 받을 것이며
어떤 잃은 물건 즉 소나 나귀나 양이나 의복이나 또는
다른 잃은 물건에 대하여 어떤 사람이 이르기를
이것이 그것이라 하면 양편이 재판장 앞에 나아갈 것이요
재판장이 죄 있다고 하는 자가 그 상대편에게 갑절을 배상할지니라"

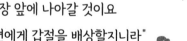

72. 하나님 나라의 백성들이 지켜야 할 법규 ②

1) 배상 관련 법(1~15)

  - 도둑질했을 때

  - 남의 밭에 피해를 줬을 때

  - 이웃의 물건을 맡았다가 잃어버렸을 때

2) 도덕 관련 법(16~31)

  - 부도덕한 성에 관한 법

  - 종교에 관한 법

  - 힘없는 사람의 인권에 관한 법

  - 하나님에 대한 우리의 태도

하나님께서는 우리 삶에 실질적으로

적용해야 하는 법에 대해서 말씀해 주셨습니다.

주님의 법은 순종으로 우리 삶의 변화를 요구합니다.

그런데 우리는 성경을 읽고, 듣고 이해하고 끝날 때가 많습니다.

우리는 하나님의 말씀에 하나하나 순종하면서

점진적으로 하나님께서 원하시는

하나님 나라의 백성이 되어야 합니다.

그렇게 된다면 우리는 하나님 나라의 백성으로서

특권을 누리게 될 것입니다.

♡MEMO♡

_____

_____

"너는 거짓된 풍설을 퍼뜨리지 말며 악인과 연합하여
위증하는 증인이 되지 말며
다수를 따라 악을 행하지 말며 송사에 다수를 따라
부당한 증언을 하지 말며
가난한 자의 송사라고 해서 편벽되이 두둔하지 말지니라
네가 만일 네 원수의 길 잃은 소나 나귀를 보거든
반드시 그 사람에게로 돌릴지며
네가 만일 너를 미워하는 자의 나귀가
짐을 싣고 엎드러짐을 보거든 그것을 버려두지 말고
그것을 도와 그 짐을 부릴지니라
너는 가난한 자의 송사라고 정의를 굽게 하지 말며
거짓 일을 멀리하며 무죄한 자와 의로운 자를 죽이지 말라
나는 악인을 의롭다 하지 아니하겠노라
너는 뇌물을 받지 말라 뇌물은 밝은 자의 눈을 어둡게 하고
의로운 자의 말을 굽게 하느니라
너는 이방 나그네를 압제하지 말라
너희가 애굽 땅에서 나그네 되었었은즉
나그네의 사정을 아느니라"

73. 하나님 나라의 백성들이 지켜야 할 법규 ③

1) 법정 관련 법(1~9)

2) 안식년과 안식일 관련 법(10~13)

3) 세 가지 절기 관련 법(14~19)

4) 순종과 약속(20~33)

우리는 하나님의 언약 백성입니다.

그런 우리가 이 세상에서

하나님의 자녀로 살아간다는 것은

단순히 종교를 갖고 살아가는 것이 아닙니다.

하나님께서 우리에게 주신 말씀을

마음에 새기고, 생각과 말과 행동을 변화시켜야 합니다.

만약 말씀과 삶이 다르다면

우리는 하나님의 언약 백성이 될 수 없다는 것을 깨달아야 합니다.

우리가 초자연적인 능력과 치유를 경험하며

회복과 평안을 누리는 삶을 살기 원한다면

성경의 권위를 인정하고 순종해야 합니다.

♡MEMO♡

"또 모세에게 이르시되 너는 아론과 나답과 아비후와
이스라엘 장로 칠십 명과 함께 여호와께로 올라와 멀리서 경배하고
너 모세만 여호와께 가까이 나아오고 그들은 가까이 나아오지 말며
백성은 너와 함께 올라오지 말지니라
모세가 와서 여호와의 모든 말씀과
그의 모든 율례를 백성에게 전하매
그들이 한 소리로 응답하여 이르되
여호와께서 말씀하신 모든 것을 우리가 준행하리이다
모세가 여호와의 모든 말씀을 기록하고 이른 아침에 일어나
산 아래에 제단을 쌓고 이스라엘 열두 지파대로 열두 기둥을 세우고
이스라엘 자손의 청년들을 보내어 여호와께 소로
번제와 화목제를 드리게 하고
모세가 피를 가지고 반은 여러 양푼에 담고 반은 제단에 뿌리고
언약서를 가져다가 백성에게 낭독하여 듣게 하니
그들이 이르되 여호와의 모든 말씀을 우리가 준행하리이다
모세가 그 피를 가지고 백성에게 뿌리며 이르되
이는 여호와께서 이 모든 말씀에 대하여
너희와 세우신 언약의 피니라
모세와 아론과 나답과 아비후와 이스라엘 장로 칠십 인이 올라가서
이스라엘의 하나님을 보니 그의 발아래에는 청옥을 편 듯하고
하늘같이 청명하더라
하나님이 이스라엘 자손들의 존귀한 자들에게 손을 대지 아니하셨고
그들은 하나님을 뵙고 먹고 마셨더라"

74. 시내산에서 세운 언약의 피

이제 하나님과 이스라엘 백성들은 언약을 세우는 체결식을 합니다.

하나님께서는 모세에게

아론과 나답과 아비후와 이스라엘을 대표하는 장로 70명과 함께

시내산으로 올라와 멀리서 경배하라고 말씀하셨습니다.

그리고 모세에게는 특별히 가까이 나아오라고 말씀하셨습니다.

모세는 하나님께 말씀을 받아 백성들에게 모두 전했습니다.

하나님의 말씀을 전해 들은 백성들은

순종을 다짐했습니다.

모세는 여호와의 모든 말씀을 기록하고

이른 아침에 일어나 산 아래에 제단을 쌓고

열두 지파대로 열두 기둥을 세웠고,

백성들은 송아지를 잡아 번제와 화목제를 드렸습니다.

모세는 그 피의 절반을 제단에 뿌리고

나머지 절반은 언약서를 듣고 순종하겠다고 고백한

백성들에게 뿌렸습니다.

우리가 하나님의 언약 백성이 된다는 것은

생명을 바쳐 우리를 구원하신 예수님처럼

우리도 하나님의 말씀에 목숨을 바쳐

순종해야 하는 것을 의미합니다.

나는 어디까지 순종할 수 있을까요?

♡MEMO♡

_____

_____

"여호와께서 모세에게 말씀하여 이르시되
이스라엘 자손에게 명령하여 내게 예물을 가져오라 하고
기쁜 마음으로 내는 자가 내게 바치는 모든 것을 너희는 받을지니라
너희가 그들에게서 받을 예물은 이러하니 금과 은과 놋과
청색 자색 홍색 실과 가는 베 실과 염소 털과
붉은 물 들인 숫양의 가죽과 해달의 가죽과 조각목과
등유와 관유에 드는 향료와 분향할 향을 만들 향품과
호마노며 에봇과 흉패에 물릴 보석이니라
내가 그들 중에 거할 성소를 그들이 나를 위하여 짓되
무릇 내가 네게 보이는 모양대로 장막을 짓고 기구들도
그 모양을 따라 지을지니라"

75. 성막을 짓는 예물 준비

하나님께서는 이스라엘 백성들과 언약을 맺고
그 증표로 성막을 만들라고 하셨습니다.
성막은 하나님의 임재의 상징이 될 것이며
백성들은 이곳에서 제사를 드리며
하나님을 경배할 것입니다.
또한 하나님과 지속적으로 관계하며
하나님을 위한 백성이 될 것입니다.
성막은 한 개인을 위한 곳이 아니라
이스라엘 공동체 전체를 위한 장소가 될 것입니다.
그렇기 때문에 하나님께서는 성막을 준비하는 데
모든 이스라엘 백성이 동참하길 원하셨습니다.
하지만 아무 예물이나 받지 않으시고
기쁜 마음으로 바치는 자들의 예물만 받으셨습니다.
그 이유는 하나님께서는 하나님의 일을
기쁜 마음으로 동참하길 원하시기 때문입니다.
우리는 돈을 버는 일, 재미있고 신나는 일,
내가 좋아하는 일에 투자하는 것은 물질과 마음이 인색하지 않지만
하나님의 일에는 인색할 때가 있습니다.
하나님을 위한 일에 얼마나 기쁜 마음으로 동참하고 있는지
나의 마음을 돌아보는 시간이 되었으면 좋겠습니다.

♡MEMO♡

_____

_____

"너는 성막을 만들되 가늘게 꼰 베실과 청색 자색 홍색 실로
그룹을 정교하게 수놓은 열 폭의 휘장을 만들지니
매 폭의 길이는 스물여덟 규빗, 너비는 네 규빗으로
각 폭의 장단을 같게 하고 그 휘장 다섯 폭을 서로 연결하며
다른 다섯 폭도 서로 연결하고 그 휘장을 이을 끝 폭 가에
청색 고를 만들며 이어질 다른 끝 폭 가에도 그와 같이 하고
휘장 끝 폭 가에 고 쉰 개를 달며
다른 휘장 끝 폭 가에도 고 쉰 개를 달고
그 고들을 서로 마주 보게 하고 금 갈고리 쉰 개를 만들고
그 갈고리로 휘장을 연결하게 한 성막을 이룰지며
그 성막을 덮는 막 곧 휘장을 염소 털로 만들되 열한 폭을 만들지며
각 폭의 길이는 서른 규빗, 너비는 네 규빗으로
열한 폭의 길이를 같게 하고
그 휘장 다섯 폭을 서로 연결하며 또 여섯 폭을 서로 연결하고
그 여섯째 폭 절반은 성막 전면에 접어 드리우고
휘장을 이을 끝 폭 가에 고 쉰 개를 달며
다른 이을 끝 폭 가에도 고 쉰 개를 달고
놋 갈고리 쉰 개를 만들고 그 갈고리로 그 고를 꿰어 연결하여
한 막이 되게 하고
그 막 곧 휘장의 그 나머지 반 폭은 성막 뒤에 늘어뜨리고
막 곧 휘장의 길이의 남은 것은 이쪽에 한 규빗,
저쪽에 한 규빗씩 성막 좌우 양쪽에 덮어 늘어뜨리고
붉은 물 들인 숫양의 가죽으로 막의 덮개를 만들고
해달의 가죽으로 그 윗덮개를 만들지니라"

76. 성막

1) 성막을 덮는 휘장(1~14)

2) 성막에 세울 기둥(15~30)

3) 성소와 지성소를 구분하는 휘장(31~35)

4) 성소와 성막의 뜰을 구분하는 휘장(36~37)

성막은 하나님과 그의 백성들이 만나는 거룩한 장소입니다.

성막은 하늘에 있는 것의 모형과 그림자이며

성막의 많은 부분은

앞으로 오실 예수 그리스도의 모습을 나타냅니다.

이제 하나님 나라의 백성들은

하나님께서 말씀하신 지시에 따라

성실하고 완벽하게 순종하며 성막을 만들 것입니다.

작은 부분이라고 소홀하거나 대충 하지 않고

모든 부분에서 완벽하게 순종할 것입니다.

우리 또한 삶의 작은 부분부터 모든 영역에 이르기까지

하나님을 기쁘게 해 드리기 위해

말씀에 순종하며 기도하기를 힘써야 합니다.

♡MEMO♡

_____

_____

"너는 조각목으로 길이가 다섯 규빗,

너비가 다섯 규빗의 제단을 만들되

네모반듯하게 하며 높이는 삼 규빗으로 하고

그 네 모퉁이 위에 뿔을 만들되 그 뿔이 그것에 이어지게 하고

그 제단을 놋으로 싸고

재를 담는 통과 부삽과 대야와 고기 갈고리와

불 옮기는 그릇을 만들되

제단의 그릇을 다 놋으로 만들지며

제단을 위하여 놋으로 그물을 만들고

그 위 네 모퉁이에 놋 고리 넷을 만들고

그물은 제단 주위 가장자리 아래 곧 제단 절반에 오르게 할지며

또 그 제단을 위하여 채를 만들되 조각목으로 만들고 놋으로 쌀지며

제단 양쪽 고리에 그 채를 꿰어 제단을 메게 할지며

제단은 널판으로 속이 비게 만들되

산에서 네게 보인 대로 그들이 만들게 하라"

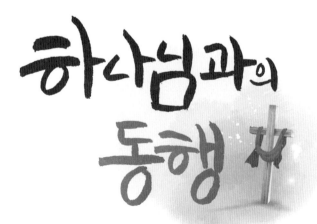

77. 제단, 성막의 뜰, 등불 관리

· 제단

제단은 제물을 불로 태우는 장소입니다.

제단은 장차 오실 예수 그리스도께서 우리를 구원하시기 위해

희생 제물로 자신을 온전히 내어 주실 것을 의미합니다.

우리의 죄는 십자가에서 흘리신 예수 그리스도의 보혈을 통해서만

용서받을 수 있습니다.

그 누구의 노력과 선행으로도 죄를 씻을 수 없다는 것을

깨달아야 합니다.

· 성막

성막은 하나님을 만나는 거룩한 장소이기 때문에

울타리를 세워 세상과 구별되도록 하셨습니다.

그 이유는 우리가 하나님을 만나기 위해서는

세상과 구별된 장소가 되어야 한다는 것을 말해 줍니다.

예수 그리스도를 믿음으로 말미암아 성령을 선물로 받는다면

우리는 거룩한 하나님의 자녀가 될 수 있습니다.

· 등불

등불을 위해 감람나무 기름을 사용했는데

그 이유는 찌꺼기가 섞여 있지 않은

순수한 기름을 사용해야 했습니다.

이것은 우리의 삶이 세상의 찌꺼기로

섞이지 않아야 한다는 것을 말해 줍니다.

예수님께서는 세상과 하나가 되지 않고

어두운 세상을 밝히시는 빛으로 오셨습니다.

예수님을 더욱 깊이 묵상하는 시간이 되었으면 좋겠습니다.

그 시간은 어떤 시간보다 가장 의미 있고 소중한 시간이 될 것입니다.

♡MEMO♡

_____

_____

"너는 이스라엘 자손 중 네 형 아론과 그의 아들들
곧 아론과 아론의 아들들 나답과 아비후와 엘르아살과
이다말을 그와 함께 네게로 나아오게 하여
나를 섬기는 제사장 직분을 행하게 하되
네 형 아론을 위하여 거룩한 옷을 지어 영화롭고 아름답게 할지니
너는 무릇 마음에 지혜 있는 모든 자 곧 내가
지혜로운 영으로 채운 자들에게 말하여 아론의 옷을 지어
그를 거룩하게 하여 내게 제사장 직분을 행하게 하라
그들이 지을 옷은 이러하니
곧 흉패와 에봇과 겉옷과 반포 속옷과 관과 띠라
그들이 네 형 아론과 그 아들들을 위하여 거룩한 옷을 지어
아론이 내게 제사장 직분을 행하게 하라
그들이 쓸 것은 금실과 청색 자색 홍색 실과 가늘게 꼰 베실이니라"

172

78. 제사장의 옷

하나님께서는 제사장이 입어야 할

의복에 대해서 구체적으로 설명해 주셨습니다.

성막이 세상과 구별된 것처럼

성막에서 일하는 제사장의 예복도

일반적인 옷과 구별되어야 했습니다.

또한 대제사장(아론)이 입는 예복과

일반 제사장(아론의 아들들)이 입는 예복도 구별되었습니다.

하나님께서는 아론에게 거룩한 옷을 만들어 입혀

영화롭고 아름답게 하라고 말씀하셨습니다.

아론이 입은 옷이 거룩한 옷이라고 하는 이유는

금과 보석으로 되어 있어서

특별히 거룩한 것이 아닙니다.

하나님께서 임재하시고

백성들과 소통하는 거룩한 곳을 섬길 때 입는 옷이기 때문입니다.

만약 우리가 거룩하신 하나님과 함께

동행하길 원한다면

예수 그리스도의 보혈을 통해 죄 사함을 받고

성령으로 새롭게 거듭나야 합니다.

♡MEMO♡

_____

_____

"네가 그들에게 나를 섬길 제사장 직분을 위임하여
그들을 거룩하게 할 일은 이러하니
곧 어린 수소 하나와 흠 없는 숫양 둘을 택하고
무교병과 기름 섞인 무교 과자와
기름 바른 무교 전병을 모두 고운 밀가루로 만들고
그것들을 한 광주리에 담고 그것을 광주리에 담은 채
그 송아지와 두 양과 함께 가져오라
너는 아론과 그의 아들들을 회막 문으로 데려다가 물로 씻기고
의복을 가져다가 아론에게 속옷과 에봇 받침 겉옷과 에봇을 입히고 흉패
를 달고 에봇에 정교하게 짠 띠를 띠게 하고
그의 머리에 관을 씌우고 그 위에 거룩한 패를 더하고
관유를 가져다가 그의 머리에 부어 바르고
그의 아들들을 데려다가 그들에게 속옷을 입히고
아론과 그의 아들들에게 띠를 띠우며 관을 씌워
그들에게 제사장의 직분을 맡겨 영원한 규례가 되게 하라
너는 이같이 아론과 그의 아들들에게 위임하여 거룩하게 할지니라"

79. 제사장 위임식 설명

하나님께서 제사장 위임식에 대한 순서와 절차를 말씀해 주셨습니다.

실제로 위임식은 레위기(8~9장)에서 진행됩니다.

제사장 위임식은 7일 동안 행해집니다.

예식에 필요한 재료들을 준비하고

위임식에 참여하는 제사장들은 정결하도록 물로 씻어야 합니다.

그리고 옷 입는 순서에 따라 옷을 입습니다.

위임식 때는

속죄제, 번제, 화목제를 드려야 합니다.

백성들은 회막에서 매일

아침저녁으로 번제를 드려야 합니다.

상번제는 성막이 있는 동안 멈추지 않고 항상 드려야 합니다.

이를 통해 하나님께서는 그들의 제사를 받으시고

이스라엘 백성들과 늘 함께해 주실 것입니다.

하나님께서 세우신 제사장과

하나님께서 선택한 백성은

하나님의 말씀에 순종하며

하나님을 경배하는 제사를 멈추지 않아야 합니다.

♡MEMO♡

"너는 분향할 제단을 만들지니 곧 조각목으로 만들되
길이가 한 규빗, 너비가 한 규빗으로 네모가 반듯하게 하고
높이는 두 규빗으로 하며 그 뿔을 그것과 이어지게 하고
제단 상면과 전후좌우 면과 뿔을 순금으로 싸고
주위에 금테를 두를지며 금테 아래 양쪽에 금 고리 둘을 만들되
곧 그 양쪽에 만들지니 이는 제단을 메는 채를 꿸 곳이며
그 채를 조각목으로 만들고 금으로 싸고
그 제단을 증거궤 위 속죄소 맞은편
곧 증거궤 앞에 있는 휘장 밖에 두라
그 속죄소는 내가 너와 만날 곳이며
아론이 아침마다 그 위에 향기로운 향을 사르되
등불을 손질할 때에 사를지며
또 저녁때 등불을 켤 때에 사를지니
이 향은 너희가 대대로 여호와 앞에 끊지 못할지며
너희는 그 위에 다른 향을 사르지 말며 번제나 소제를 드리지 말며
전제의 술을 붓지 말며
아론이 일 년에 한 번씩 이 향단 뿔을 위하여 속죄하되
속죄제의 피로 일 년에 한 번씩 대대로 속죄할지니라
이 제단은 여호와께 지극히 거룩하니라"

80. 성막의 도구들

· 분향단

분향단은 향을 태우는 곳입니다.

향의 연기는 구름기둥과 불기둥으로 함께하신

하나님의 임재를 상징합니다.

우리는 향을 피우는 제사장의 모습에서

우리를 위해 중보자 되시는 예수 그리스도의 모습을 볼 수 있습니다.

· 놋 물두멍

성소 뜰에 있으며 제사장들이 성막에 들어가기 전에

손과 발을 씻는 물을 저장해 놓는 곳입니다.

이것은 정결을 상징합니다.

· 거룩한 향기름

성소에서 사용하는 도구에 발라 정결하게 하는 기름입니다.

· 거룩한 향

회막 안 증거궤 앞에 두고 하나님께 피워 드리는 향입니다.

향을 만드는 방법은 소합향, 나감향, 풍자향, 유향을 섞고

그것에 소금을 쳐서 성결하게 하면 됩니다.

이 모든 것은 사람의 생각과 방법대로 만들어서는 안 됩니다.

오직 하나님께서 말씀하신 방법대로 만들어야 하며

하나님만을 위하여 만들어야 합니다.

만약 우리가 주를 위해서 하는 일이라고 하면서

주님의 뜻을 구하지 않고, 자신의 생각대로 그 일을 한다면

그것은 나의 만족과 나의 유익을 위한 일이 될 수 있습니다.

매 순간 하나님의 뜻을 구하며 하나님을 위해 살아가길 소망합니다.

♡MEMO♡

_____

_____

"여호와께서 모세에게 말씀하여 이르시되

내가 유다 지파 훌의 손자요

우리의 아들인 브살렐을 지명하여 부르고

하나님의 영을 그에게 충만하게 하여 지혜와 총명과 지식과

여러 가지 재주로 정교한 일을 연구하여

금과 은과 놋으로 만들게 하며 보석을 깎아 물리며

여러 가지 기술로 나무를 새겨 만들게 하리라

내가 또 단 지파 아히사막의 아들 오홀리압을 세워

그와 함께하게 하며 지혜로운 마음이 있는 모든 자에게

내가 지혜를 주어 그들이 내가 네게 명령한 것을 다 만들게 할지니

곧 회막과 증거궤와 그 위의 속죄소와 회막의 모든 기구와

상과 그 기구와 순금 등잔대와 그 모든 기구와 분향단과

번제단과 그 모든 기구와 물두멍과 그 받침과

제사직을 행할 때에 입는 정교하게 짠 의복

곧 제사장 아론의 성의와 그의 아들들의 옷과

관유와 성소의 향기로운 향이라

무릇 내가 네게 명령한 대로 그들이 만들지니라"

81. 브살렐과 오홀리압

모세는 하나님께 성막에 대한 모든 설명을 들었습니다.

그리고 그 일을 모세 혼자서 진행하지 않도록

함께할 전문가를 세워 주셨습니다.

그들은 브살렐과 오홀리압이었습니다.

브살렐에게는 하나님의 영이 충만하게 임했고,

그에게 지혜와 총명과 지식과 여러 가지 재주를 주셨습니다.

또한 오홀리압에게도 특별한 재능을 주어

하나님의 일을 위해 협력하도록 하셨습니다.

하나님께서는 하나님의 일을 위해서 사람을 세우시고

그들에게 지혜와 능력을 채워 주십니다.

때론 내가 해야 하는 일에 비해

내가 가지고 있는 능력과 지혜가 부족하여

실망하고 낙심할 때가 있지만

우리는 하나님께서 맡겨주신 일이라면 걱정할 이유가 없습니다.

하나님께서는 모든 것을 예비해 두시고

우리가 그 일을 잘 감당할 수 있도록 필요한 모든 것을 채워 주십니다.

전능하신 하나님의 능력을 끝까지 신뢰하는 믿음이 있다면

내가 어느 위치에 있든지 걱정하지 않고 담대할 수 있을 것입니다.

♡MEMO♡

_____

_____

"백성이 모세가 산에서 내려옴이 더딤을 보고 모여
백성이 아론에게 이르러 말하되 일어나라 우리를 위하여
우리를 인도할 신을 만들라
이 모세 곧 우리를 애굽 땅에서 인도하여 낸 사람은
어찌 되었는지 알지 못함이니라
아론이 그들에게 이르되 너희의 아내와 자녀의 귀에서
금 고리를 빼어 내게로 가져오라
모든 백성이 그 귀에서 금 고리를 빼어 아론에게로 가져가매
아론이 그들의 손에서 금 고리를 받아 부어서 조각칼로 새겨
송아지 형상을 만드니 그들이 말하되
이스라엘아 이는 너희를 애굽 땅에서 인도하여 낸
너희의 신이로다 하는지라
아론이 보고 그 앞에 제단을 쌓고 이에 아론이 공포하여 이르되
내일은 여호와의 절일이니라 하니
이튿날에 그들이 일찍이 일어나 번제를 드리며 화목제를 드리고
백성이 앉아서 먹고 마시며 일어나서 뛰놀더라
여호와께서 모세에게 이르시되 너는 내려가라
네가 애굽 땅에서 인도하여 낸 네 백성이 부패하였도다
그들이 내가 그들에게 명령한 길을 속히 떠나 자기를 위하여
송아지를 부어 만들고
그것을 예배하며 그것에게 제물을 드리며 말하기를
이스라엘아 이는 너희를 애굽 땅에서 인도하여 낸
너희 신이라 하였도다
여호와께서 또 모세에게 이르시되
내가 이 백성을 보니 목이 뻣뻣한 백성이로다"

82. 금송아지

이스라엘 백성들은 하나님과 시내산에서 언약을 맺었습니다.

이제 그들은 하나님의 백성으로서 하나님만을 섬기고

언약에 순종하며 살아야 합니다.

하지만 백성들은 모세가 시내산에서 오랜 시간 내려오지 않자

하나님과 맺은 언약을 버리고

자신들을 인도할 다른 신을 만들기로 했습니다.

백성들은 하나님과 인격적인 관계보다는

자신들을 풍요롭게 해 주며,

힘들고 어려운 상황에서 구원해 줄 신이 필요했습니다.

그 신이 금송아지여도 상관이 없었습니다.

이들은 어리석게 살아계신 하나님을 스스로 버리고

인간이 만든 금송아지를 자신들을

애굽 땅에서 인도해 낸 신이라고 말했습니다.

우리도 하나님과의 인격적인 관계보다

인생의 풍요로움과 나의 문제를 해결하고 도와줄

대상이 필요해서 하나님을 믿고 있는지 살펴보아야 합니다.

그런 존재가 필요해서 하나님을 믿는다면

우리는 언제든지 살아계신 하나님을 버리고

헛된 우상을 향해 떠날 수 있다는 것을 기억해야 합니다.

♡MEMO♡

_____

_____

"여호와께서 모세에게 이르시되

너는 네가 애굽 땅에서 인도하여 낸 백성과 함께 여기를 떠나서

내가 아브라함과 이삭과 야곱에게 맹세하여

네 자손에게 주기로 한 그 땅으로 올라가라

내가 사자를 너보다 앞서 보내어 가나안 사람과 아모리 사람과

헷 사람과 브리스 사람과 히위 사람과 여부스 사람을 쫓아내고

너희를 젖과 꿀이 흐르는 땅에 이르게 하려니와

나는 너희와 함께 올라가지 아니하리니

너희는 목이 곧은 백성인즉 내가 길에서

너희를 진멸할까 염려함이니라 하시니

백성이 이 준엄한 말씀을 듣고 슬퍼하여

한 사람도 자기의 몸을 단장하지 아니하니

여호와께서 모세에게 이르시기를 이스라엘 자손에게 이르라

너희는 목이 곧은 백성인즉 내가 한순간이라도

너희 가운데에 이르면 너희를 진멸하리니

너희는 장신구를 떼어 내라

그리하면 내가 너희에게 어떻게 할 것인지 정하겠노라 하셨음이라

이스라엘 자손이 호렙산에서부터 그들의 장신구를 떼어 내니라"

83. 나는 정말 무엇을 원하고 있을까?

이스라엘 백성들이 송아지를 만들어 하나님께 범죄를 한 후에
하나님께서는 모세에게
"내가 천사를 보내 가나안 땅을 정복하도록 도와주겠다."라고
말씀하셨습니다.
백성들은 하나님께서 약속하신
젖과 꿀이 흐르는 땅을 얻을 수 있을 것입니다.
하지만 하나님께서는 그들과 함께
가나안 땅으로 올라가지 않을 것입니다.
세상의 가치로 보면 기도가 응답이 되고,
많은 것을 얻었기에 인생이 성공한 것처럼 보입니다.
그런데 제일 중요한 하나님의 임재와 동행이 없다면
세상의 성공은 오래가지 못할 것입니다.
모세는 자신과 백성들이 세상 사람들과 구별될 수 있는 것은
하나님의 임재와 동행이라는 사실을 고백하며
하나님께서 함께 가지 않으신다면
자신도 이곳에서 한 발도 떠나지 않겠다고 간절히 구했습니다.
결국 모세의 기도를 통해 하나님께서는 마음을 바꾸시고
모세와 이스라엘과 함께하시겠다고 말씀하셨습니다.
하나님 나라의 백성으로 살면서
내가 원하는 것은 무엇일까요?
기도 응답일까요? 하나님만을 원하는 마음일까요?
나의 마음을 살펴보는 하루가 되길 소망합니다.

♡MEMO♡

_____

_____

"여호와께서 이르시되 보라 내가 언약을 세우나니
곧 내가 아직 온 땅 아무 국민에게도 행하지 아니한 이적을
너희 전체 백성 앞에 행할 것이라
네가 머무는 나라 백성이 다 여호와의 행하심을 보리니
내가 너를 위하여 행할 일이 두려운 것임이니라
너는 내가 오늘 네게 명령하는 것을 삼가 지키라 보라
내가 네 앞에서 아모리 사람과 가나안 사람과 헷 사람과
브리스 사람과 히위 사람과 여부스 사람을 쫓아내리니
너는 스스로 삼가 네가 들어가는 땅의 주민과 언약을 세우지 말라
그것이 너희에게 올무가 될까 하노라
너희는 도리어 그들의 제단들을 헐고 그들의 주상을 깨뜨리고
그들의 아세라 상을 찍을지어다
너는 다른 신에게 절하지 말라
여호와는 질투라 이름하는 질투의 하나님임이니라
너는 삼가 그 땅의 주민과 언약을 세우지 말지니
이는 그들이 모든 신을 음란하게 섬기며
그들의 신들에게 제물을 드리고
너를 청하면 네가 그 제물을 먹을까 함이며
또 네가 그들의 딸들을 네 아들들의 아내로 삼음으로
그들의 딸들이 그들의 신들을 음란하게 섬기며
네 아들에게 그들의 신들을 음란하게 섬기게 할까 함이니라
너는 신상들을 부어 만들지 말지니라"

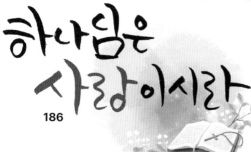

186

84. 말씀-지켜야 할 것, 우상-버려야 할 것

하나님께서 이스라엘 백성들과 다시 언약을 세우셨습니다.

백성들은 그 언약을 반드시 지키며 살아야 합니다.

하나님께서는 자신의 백성들을 위해 놀라운 일들을 행하실 것입니다.

그리고 하나님의 은혜를 받은 백성들이

절대로 해서는 안 되는 일도 있습니다.

그 일은 바로 가나안 사람들과 언약을 세우고

우상을 섬기는 일이었습니다.

만약 하나님과의 언약을 버리고 그들과 언약을 맺는다면

하나님의 재앙이 임할 것입니다.

하나님의 백성들은 가나안의 제단을 헐고

우상을 찍어 버려야 합니다.

하나님과 새롭게 언약을 체결한 이스라엘 백성들은

이제 하나님만을 바라보며 하나님을 위해 살아야 합니다.

우리가 하나님 나라의 백성으로 살아가기 위해서는

지켜야 할 것(말씀)과 버려야 할 것(우상)이 무엇인지

명확하게 구분해야 합니다.

말씀을 통하여 분별하는 지혜가 임하길 바랍니다.

♡MEMO♡

_____

_____

"이스라엘 자손의 온 회중이 모세 앞에서 물러갔더니
마음이 감동된 모든 자와 자원하는 모든 자가 와서
회막을 짓기 위하여 그 속에서 쓸 모든 것을 위하여,
거룩한 옷을 위하여 예물을 가져다가 여호와께 드렸으니
곧 마음에 원하는 남녀가 와서 팔찌와 귀고리와 가락지와
목걸이와 여러 가지 금품을 가져다가
사람마다 여호와께 금 예물을 드렸으며
무릇 청색 자색 홍색 실과 가는 베실과 염소 털과
붉은 물 들인 숫양의 가죽과 해달의 가죽이 있는 자도 가져왔으며
은과 놋으로 예물을 삼는 모든 자가 가져다가 여호와께 드렸으며
섬기는 일에 소용되는 조각목이 있는 모든 자는 가져왔으며
마음이 슬기로운 모든 여인은 손수 실을 빼고
그 뺀 청색 자색 홍색 실과 가는 베실을 가져왔으며
마음에 감동을 받아 슬기로운 모든 여인은 염소 털로 실을 뽑았으며
모든 족장은 호마노와 및 에봇과 흉패에 물릴 보석을 가져왔으며
등불과 관유와 분향할 향에 소용되는 기름과 향품을 가져왔으니
마음에 자원하는 남녀는 누구나 여호와께서 모세의 손을 빌어
명령하신 모든 것을 만들기 위하여 물품을 드렸으니
이것이 이스라엘 자손이 여호와께 자원하여 드린 예물이니라"

188

85. 자원하여 드린 예물

모세는 하나님께서 말씀하신 대로

성막과 성막 기구들을 만들기 위해

백성들에게 하나님께 드릴 예물에 대해 전했습니다.

예물을 드릴 때 중요한 것은 예물보다

그것을 드리는 사람의 마음입니다.

하나님께서는 아무에게나 예물을 받지 않기 때문입니다.

돈과 가진 것이 많고,

지위가 높다고 해서 하나님께 드릴 수 있는 것이 아닙니다.

하나님께서는 드리는 사람의 중심을 보십니다.

하나님의 말씀을 듣고 마음에 감동을 받아

기쁨으로 자원하는 모든 사람들은

성막에 필요한 모든 예물을 여호와께 드릴 수 있습니다.

하나님의 일에 동참하고 쓰임 받을 수 있는 사람은

하나님 말씀을 듣고 그 뜻을 기쁨으로 이루길 소원하는 사람입니다.

우리가 하나님의 말씀을 듣고

하나님의 뜻을 이루길 원하는 마음이 있다면

하나님께서는 우리를 통해 하늘의 뜻을 이 땅에 이루실 것입니다.

♡MEMO♡

_____

_____

"브살렐과 오홀리압과 및 마음이 지혜로운 사람
곧 여호와께서 지혜와 총명을 부으사 성소에 쓸
모든 일을 할 줄 알게 하신 자들은
모두 여호와께서 명령하신 대로 할 것이니라
모세가 브살렐과 오홀리압과 및 마음이 지혜로운 사람
곧 그 마음에 여호와께로부터 지혜를 얻고 와서
그 일을 하려고 마음에 원하는 모든 자를 부르매
그들이 이스라엘 자손의 성소의 모든 것을 만들기 위하여
가져온 예물을 모세에게서 받으니라
그러나 백성이 아침마다 자원하는 예물을 연하여 가져왔으므로
성소의 모든 일을 하는 지혜로운 자들이
각기 하는 일을 중지하고 와서
모세에게 말하여 이르되 백성이 너무 많이 가져오므로
여호와께서 명령하신 일에 쓰기에 남음이 있나이다
모세가 명령을 내리매 그들이 진중에 공포하여 이르되
남녀를 막론하고 성소에 드릴 예물을 다시 만들지 말라 하매
백성이 가져오기를 그치니
있는 재료가 모든 일을 하기에 넉넉하여 남음이 있었더라"

86. 지혜로운 사람들

하나님께서 성막을 짓기 위해서

브살렐과 오홀리압을 지명하여 부르셨습니다.

그리고 그들에게 하나님의 영을 충만하게 하여

지혜와 지식으로 여러 가지 일을 하도록 하셨습니다.

그들은 하나님께 가르치는 능력을 받았습니다.

그들은 하나님의 일에 함께하길 원하는

모든 사람을 모집했습니다.

하나님께서는 이 사람들이 마음이 지혜로운 사람이라고

말씀하셨습니다.

하나님께서는 능력 있는 소수의 사람들이 하나님의 일을 하기보다는

모든 사람이 협력하여 선을 이루시길 원하십니다.

우리 마음에 '하나님을 위해 살고 싶다!'라는 마음이 있다면

하나님께서는 우리에게 그 일을 감당하도록 능력을 주실 것입니다.

때론 주변에 능력 있는 사람을 붙여 주셔서

하나님의 일을 함께 이루어 나갈 수 있도록 인도하실 것입니다.

하나님의 일을 감당하기 위해서는

나에게 능력이 있는지 없는지 생각하기보다는

어떤 마음으로 그 자리에 있는지

나의 마음을 살펴보아야 합니다.

문제 해결을 위해 지혜를 구하기보다

지혜로운 사람이 되길 소망합니다.

♡MEMO♡

"브살렐이 조각목으로 궤를 만들었으니
길이가 두 규빗 반, 너비가 한 규빗 반, 높이가 한 규빗 반이며
순금으로 안팎을 싸고
위쪽 가장자리로 돌아가며 금테를 만들었으며
금 고리 넷을 부어 만들어 네 발에 달았으니
곧 이쪽에 두 고리요 저쪽에 두 고리이며
조각목으로 채를 만들어 금으로 싸고
그 채를 궤 양쪽 고리에 꿰어 궤를 메게 하였으며
순금으로 속죄소를 만들었으니 길이가 두 규빗 반,
너비가 한 규빗 반이며
금으로 그룹 둘을 속죄소 양쪽에 쳐서 만들었으되
한 그룹은 이쪽 끝에, 한 그룹은 저쪽 끝에
곧 속죄소와 한 덩이로 그 양쪽에 만들었으니
그룹들이 그 날개를 높이 펴서 그 날개로 속죄소를 덮었으며
그 얼굴은 서로 대하여 속죄소를 향하였더라"

87. 언약궤, 진설병 상, 등잔대, 분향단

· 언약궤

하나님께서 우리와 함께하시는 것을 상징합니다.

그 안에는 십계명 돌판, 아론의 싹 난 지팡이, 만나를 담은 항아리가 있습니다. 언약궤 안에 있는 3가지는 예수 그리스도를 상징합니다.

· 진설병 상

생명의 떡이신 예수님을 상징합니다. 하나님께서 이스라엘 12지파와 함께하신다는 것을 상징하는 것입니다. 예수님께서는 자신을 생명의 떡, 살아 있는 떡이라고 말씀하셨고 이 떡을 먹으면 영생하리라고 말씀하셨습니다.

그리스도인은 세상의 양식으로 사는 것이 아니라 말씀으로 살아야 합니다.

· 등잔대

어두운 성막의 유일한 빛이 등잔대입니다. 등잔대는 줄기 1개와 가지 6개로 되어 있습니다.

중앙의 기둥을 향해 6개의 가지가 빛을 비추고 있습니다. 기둥은 예수 그리스도를 상징합니다.

예수 그리스도와 연합한 사람은 하나님의 영광을 나타내며, 세상에 빛을 비추는 삶을 살게 되는 것입니다.

우리가 세상에 빛을 비추기 위해서는 예수님께 붙어 있어야 합니다.

· 분향단

지성소에서 가장 가까운 이곳은 제사장들이 기도하는 장소입니다.

우리는 기도를 통해 하나님의 음성을 들을 수 있습니다.

하나님의 자녀인 우리는 하나님과 가장 가까운 곳에서 기도하며 예배하는 삶을 살아야 합니다.

우리 삶에 하나님의 임재를 경험하고, 예수 그리스도를 통해 영생을 얻어, 성령님의 역사하심으로 하나님의 뜻을 이루는 복된 삶이 되길 소망합니다.

♡MEMO♡

_____

_____

"그가 또 조각목으로 번제단을 만들었으니

길이는 다섯 규빗이요 너비도 다섯 규빗이라

네모가 반듯하고 높이는 세 규빗이며

그 네 모퉁이 위에 그 뿔을 만들되

그 뿔을 제단과 연결하게 하고 제단을 놋으로 쌌으며

제단의 모든 기구 곧 통과 부삽과 대야와 고기 갈고리와

불 옮기는 그릇을 다 놋으로 만들고

제단을 위하여 놋 그물을 만들어

제단 주위 가장자리 아래에 두되 제단 절반에 오르게 하고

그 놋 그물 네 모퉁이에 채를 꿸 고리 넷을 부어 만들었으며

채를 조각목으로 만들어 놋으로 싸고

제단 양쪽 고리에 그 채를 꿰어 메게 하였으며

제단은 널판으로 속이 비게 만들었더라"

88. 번제단, 물두멍, 성막 울타리, 세금

· 번제단

하나님께 제사를 드리는 일에 사용되었습니다.

인간은 죄를 대속하기 위해서 자신의 죄를 짐승들에게 전가한 후

하나님께 드려야 했습니다.

이 의식은 우리의 죄를 대신 지시고 십자가에서 피 흘려 죽으신

예수 그리스도의 보혈을 상징합니다.

· 물두멍

성소에 들어가기 전에 제사장들은 손과 발을 씻었습니다.

물두멍은 그 씻는 물을 저장해 놓는 곳입니다.

우리가 하나님을 깊이 만나기 위해서는 세상의 더러워진 것이

깨끗하게 씻겨야 한다는 것을 상징합니다.

· 성막 울타리

성막 울타리를 통해 성막은 세상과 구별됩니다.

주님 안에 있는 사람들은 구원받고 주님이 주신 복을 누리며 평안합니다.

그러나 주님 밖에 있는 사람들은 죄로 인해 고통받으며 멸망하게 됩니다.

주님 안에 있는 성도들은 죄로 인하여 더 이상 힘들고 고통 속에 있지 않습니다.

그러므로 구원받은 성도들은 늘 주님 안에 있기를 기도하며 힘써야 합니다.

또한 성도의 삶은 세상 사람들과 구별되어야 합니다.

· 세금

인구조사를 통해 20세 이상의 남자는 반 세겔씩 성막에 드려야 합니다.

이 세금은 성막을 운영하는 데 사용되며 속죄를 의미합니다.

가난한 사람과 부한 사람 차별 없이 동일하게 내야 합니다. 이것은 모든 사람이 동일하게 하나님께 속해 있다는 것을 고백하는 상징적인 행위입니다.

죄인이며 이방이었던 우리는 예수 그리스도를 통해

하나님 은혜의 보좌 앞으로 나아갈 수 있게 되었습니다.

하나님 나라 백성들은 이 모든 과정을 통해

하나님만을 바라보며 주님 말씀에 순종하는 삶을 살게 될 것입니다.

♡MEMO♡

_____

_____

"이스라엘 자손이 이와 같이 성막 곧 회막의 모든 역사를 마치되
여호와께서 모세에게 명령하신 대로 다 행하고
그들이 성막을 모세에게로 가져왔으니 곧 막과 그 모든 기구와
그 갈고리들과 그 널판들과 그 띠들과 그 기둥들과 그 받침들과
붉은 물을 들인 숫양의 가죽 덮개와 해달의 가죽 덮개와
가리는 휘장과 증거궤와 그 채들과 속죄소와
상과 그 모든 기구와 진설병과
순금 등잔대와 그 잔 곧 벌여 놓는 등잔대와
그 모든 기구와 등유와 금 제단과 관유와
향기로운 향과 장막 휘장 문과 놋 제단과 그 놋 그물과
그 채들과 그 모든 기구와 물두멍과 그 받침과 뜰의 포장들과
그 기둥들과 그 받침들과 뜰 문의 휘장과 그 줄들과
그 말뚝들과 성막 곧 회막에서 사용할 모든 기구와
성소에서 섬기기 위한 정교한 옷 곧 제사 직분을 행할 때에 입는
제사장 아론의 거룩한 옷과 그의 아들들의 옷이라
여호와께서 모세에게 명령하신 대로
이스라엘 자손이 모든 역사를 마치매
모세가 그 마친 모든 것을 본즉
여호와께서 명령하신 대로 되었으므로
모세가 그들에게 축복하였더라"

89. 여호와께서 명령하신 대로 하였더라

여호와께서 명령하신 대로

모세는 제사장의 옷을 만들었고

성막도 모두 완공하였습니다.

이스라엘 백성들도 시작부터 끝까지

여호와께서 모세에게 명령하신 대로 행했습니다.

모세는 이런 백성들을 축복하였습니다.

이스라엘 백성들은 작은 부분이라고 소홀하지 않고

하나님께서 말씀하신 모든 부분에 철저하게 순종했습니다.

믿음의 길을 걸어가다 보면 내 생각이 많이 들어갈 때가 있습니다.

내 생각이 옳은 것처럼 느껴지기도 하고,

게으름으로 회피하기도 하지만

내 모든 것을 내려놓고 하나님의 뜻에 순종한다면

하나님의 축복을 누리는 삶을 살게 될 것입니다.

다음 문장에 나의 이름을 넣어 완성할 수 있는 삶이 되길 소망합니다.

여호와께서 명령하신 대로 OOO은 모두 순종하였더라.

♡MEMO♡

_____

_____

"구름이 회막에 덮이고 여호와의 영광이 성막에 충만하매
모세가 회막에 들어갈 수 없었으니
이는 구름이 회막 위에 덮이고
여호와의 영광이 성막에 충만함이었으며
구름이 성막 위에서 떠오를 때에는
이스라엘 자손이 그 모든 행진하는 길에 앞으로 나아갔고
구름이 떠오르지 않을 때에는
떠오르는 날까지 나아가지 아니하였으며
낮에는 여호와의 구름이 성막 위에 있고
밤에는 불이 그 구름 가운데에 있음을
이스라엘의 온 족속이 그 모든 행진하는 길에서
그들의 눈으로 보았더라"

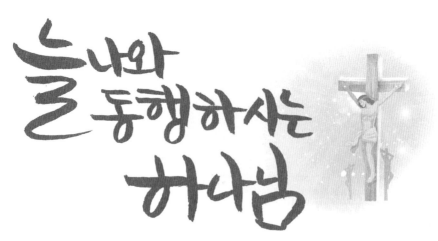

늘 나와 동행하시는 하나님

90. 성막 봉헌식에 임한 하나님의 임재: 구름과 불

하나님께서는 모세에게 명령하신 대로 완성된

성막을 기뻐하셨습니다.

첫째 달 초하루 성막을 봉헌하는 날

여호와의 영광이 성막에 충만했습니다.

하나님께서는 백성들과 함께하실 것이며

그들이 나아가야 할 길을 인도해 주실 것입니다.

백성들은 낮에는 여호와의 구름을 보고,

밤에는 구름 가운데 있는 불을 보며

하나님의 임재를 알 수 있을 것입니다.

이스라엘 백성은 구름이 성막 위에 떠오를 때마다 행진했고

구름이 떠오르지 않을 때는

구름이 떠오를 때까지 머물며 기다렸습니다.

이제 백성들은 자신의 인생을 위해 홀로 고민하지 않아도 됩니다.

하나님께서는 그의 백성들에게 문제가 생기면 해결해 주시고

위험한 상황에서 보호하시며

가나안 땅에 들어가는 날까지 인도하실 것입니다.

하나님의 임재와 인도하심을 받는 축복 된 삶의 시작은

하나님의 절대 주권을 인정하며

그분 말씀에 온전히 순종함으로 시작됩니다.

오늘부터 하나님의 뜻에 순종하는 삶을 시작해 보세요.

지금도 살아 역사하시는 위대하신 하나님을 경험하게 될 것입니다.

♡MEMO♡

_____

_____